OSHO
VERLAG

Die Vorgabe zu diesem Buch ist der gesprochene Text Oshos. Seine Diskurse über „The True Sage", aus dem Stegreif vor einer großen Zuhörerschaft in der Osho Commune in Pune gehalten, wurden vom Tonband transskribiert. Die deutsche Übersetzung folgt auszugsweise der englischen Buchausgabe und gibt wie diese so genau wie möglich den spontanen Redefluß Oshos wieder.

1. Auflage
Übersetzung: Swami Prem Nirvano, Swami Deva Amiya
Illustrationen: Rolf Hannes
Umschlaggestaltung und Satz: Ma Deva Bunda
Druck: Wiener Verlag, Himberg, Österreich
Printed in Austria

Published by arrangement with Osho International Foundation,
Bahnhofstraße 52, CH-8001 Zürch, Switzerland
ISBN 3-925205-98-5

Osho
Der Rabbi
und die Katze

Geschichten
zur jüdischen Mystik

Inhalt

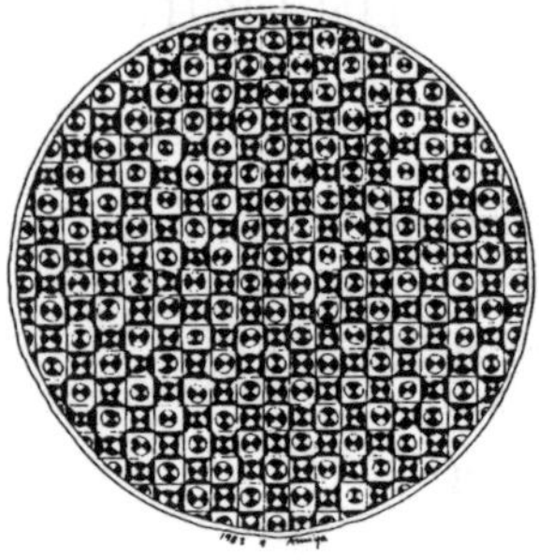

1. Sei dir selbst ein Licht

Ein junger Rabbi
klagte dem Rabbi von Rizhyn sein Leid:
„Während der Stunden,
da ich mich meinen Studien widme,
fühl ich Leben und Licht;
aber sobald ich damit aufhöre,
ist alles weg.
Was soll ich tun?“

Der Rabbi von Rizhyn erwiderte:
„Das ist, wie wenn jemand
in dunkler Nacht durch den Wald geht,
und für eine Strecke Wegs
begleitet ihn ein anderer,
der eine Lampe hat.
An der Wegkreuzung aber
trennen sie sich,
und der erste muß jetzt
allein weitertappen.
Aber wenn einer
sein eigenes Licht mit sich trägt,
braucht er sich
vor keiner Dunkelheit zu fürchten.“

Es gibt Religionen:
Hinduismus, Christentum, Buddhismus,
Judentum, und viele mehr.
Aber das sind Religionen, nicht *die* Religion.
Sie sind die Spiegelbilder des Monds
in allen möglichen Köpfen.
Sie sind nicht der wirkliche Mond.

Es gibt nur einen Mond,
aber er kann sich
in Tausenden Gewässern widerspiegeln.
Die Spiegelungen unterscheiden sich,
aber das Gespiegelte ist eins.

Der Verstand ist ein Spiegel.
Wenn Religion im Verstand widergespiegelt wird,
entsteht ein Hinduismus,
oder ein Islam, oder ein Judentum.

Wenn die Religion keine widergespiegelte ist,
wenn man der Wirklichkeit von Angesicht zu Angesicht
gegenübertritt,
ohne jegliche Verstandesarbeit,
wenn da kein Verstand zwischen dir
und der Wahrheit ist, dann wird *die* Religion geboren.

Chassidismus ist *die* Religion.
Sufismus ist *die* Religion.
Zen ist *die* Religion.

Nur dem Namen nach unterscheiden sie sich,
ansonsten sind sie alle gleich.
Ihre Sprache ist verschieden, aber nicht ihr Gehalt.
Sie alle haben den Mond angeschaut,
aber sie gaben ihm verschiedene Namen.
Natürlich, das liegt auf der Hand.

Aber sie haben die Widerspiegelungen
keines Blickes gewürdigt.
Sie halten nichts von Bekenntnissen,
Ideologien, Schriften, Lehrsätzen, Lehrmeinungen.
Sie kennen die Wahrheit.
Und wenn du die Wahrheit kennst,
sind keine Schriften nötig.

Man trägt seine Bibel unterm Arm,
wenn man die Wahrheit nicht weiß.
Theorien sind Ersatz, sind tot.
Wahrheit ist immer lebendig, ewig lebendig.
Sie kann in Worten nicht enthalten sein.
Die Botschaft ist wortlos.
Und du kannst nicht durch jemand anders zu ihr gelangen,
denn durch jegliche Vermittlung
wird eine Reflektion daraus.
Wenn schon dein eigener Verstand Spiegelungen erzeugt,
was ist dann von anderen zu halten, durch die du sie erfährst?

Man muß ihr unverstellt gegenübertreten,
unvermittelt, von Herz zu Herz.

Nichts darf zwischen diesen beiden geduldet werden:
zwischen deinem Herzen
und dem Herzen der Wirklichkeit.
Sie müssen zusammenklingen in tiefem Widerhall.
Sie müssen sich treffen und verschmelzen,
und da darf nicht der leiseste Hauch eines Wortes,
eines Wissens, einer Vorstellung sein.
Nur dann weißt du, was Religion ist.

Chassidismus ist Religion,
Judentum ist bloß eine Spiegelung.
Oder man kann das gleiche
auch in anderen Worten ausdrücken:
Judentum ist nur die Peripherie,
Chassidismus ist das Herz,
das innerste Herz,
die lebendige Seele,
die innerste Mitte.
Buddhismus ist die Peripherie, Zen ist das Herz.
Islam ist die Peripherie, Sufismus ist das Herz.

Und das Herz ist eins;
Peripherien gibt es Millionen.
Um eine Mitte kann man viele konzentrische Kreise ziehen.
So viele, wie man will – die Mitte bleibt eins.

Wir werden hier über den Chassidismus sprechen.
Bevor wir seinen eigentlichen Geist betreten,
erst noch ein paar Bemerkungen als Einführung:

Wann immer das Problem auftaucht,
wie über *die* Religion zu sprechen ist,
wird es sehr schwierig, denn alles,
was da gesagt werden kann,
wird immer unter der Wahrheit bleiben.
Was immer du über sie sagst,
ist und bleibt eine Spiegelung.
Es kann andeuten, erklären kann es nicht.
Es kann zeigen, aber es kann nicht sagen.
Von wo also ausgehen, um anzudeuten, zu zeigen?

Ich möchte beginnen mit Samuel Becketts
wunderbarem Stück *Warten auf Godot.*
Es ist absurd, so absurd wie das Leben,
aber gerade das Absurde des Lebens wird,
einmal tief verstanden,
zu einem Fingerzeig auf etwas,
das jenseits von dir liegt und bedeutsam ist.
Alles, was jenseits von dir liegt, ist bedeutsam,
und nur das Jenseitige ist bedeutsam.
Alles, was jenseits vom Verstand liegt, ist bedeutsam.

Warten auf Godot kann ein guter Einstieg
für den Chassidismus, für Zen oder den Sufismus sein,
ein sehr versteckter Fingerzeig.
Denn etwas direkt über solche innersten, tiefen
Erscheinungen zu sagen, heißt, sie zu vergewaltigen.
Seid also behutsam, geht langsam vor:
Es ist heiliger Boden.

Der Vorhang hebt sich:
Zwei Landstreicher sitzen da und warten auf Godot.

Wer ist dieser Godot?
Sie wissen es nicht; niemand weiß es.
Selbst Samuel Beckett, einmal befragt:
„Wer ist dieser Godot?“ sagte:
„Hätte ich es gewußt, ich hätte es im Stück selbst gesagt.“
Niemand weiß es. Dies ist eine Zen-Geste.

Das Wort Godot klingt wie Gott.
Das ist bezeichnend. Wer kennt Gott?
Wer hat ihn je gekannt? Wer kann es sagen?
Wer könnte behaupten, ihn zu kennen?
Alles Wissen ist töricht, und jemand,
der erklärt, Gott zu kennen, ist einfach dumm.
Godot klingt wie Gott – das Unbekannte.
Es mag alles sein oder nichts.
Sie warten also auf Godot.

Wenn sie nicht wissen, wer dieser Gott ist,
warum warten sie dann?
Weil man, wenn man nicht auf etwas wartet,
in die innere Leere hineinfällt.
Wenn du nicht darauf wartest,
daß irgendetwas geschieht,
mußt du dich deiner inneren Leere stellen,
dem inneren Nichts.
Das erschreckt, es ist gleich dem Tod.

Um das zu vermeiden, um davor zu fliehen,
projiziert man einen Traum in die Zukunft hinein.
So wird Zukunft erfunden.

Zukunft gehört nicht der Zeit an,
sie gehört dem Verstand an.
Zeit ist immer gegenwärtig.
Sie ist niemals vergangen, nie zukünftig.
Sie ist stets jetzt.
Der Verstand erfindet die Zukunft,
denn dann kann man das Jetzt vermeiden.
Man kann in die Wolken schauen,
auf etwas warten und so tun,
als würde bald etwas geschehen –
und nichts geschieht.
Eine der tiefsten Wahrheiten
des Menschenlebens ist, daß nichts je geschieht.
Millionen von Dingen scheinen zu geschehen,
aber nichts geschieht je.

Man wartet und wartet und wartet:
Wartet auf Godot. Wer ist dieser Godot?
Niemand weiß es. Dennoch muß man projizieren,
um seiner inneren Hohlheit zu entgehen.
Es gibt ein chassidisches Sprichwort:
Der Mensch ist aus Staub gemacht
und wird wieder zu Staub.
Staub zu Staub, aber zwischendurch kommt
ein Schluck Wein gelegen.

Das ist wirklich schön:
Gemacht aus Staub und zurück zum Staub.
Ein Schluck Wein zwischendurch kommt gelegen.

Dieser Schluck Wein – das ist das Wünschen,
das Projizieren, der Ehrgeiz, die Zukunft,
die Einbildung.
Ansonsten würde man plötzlich gewahr,
daß man bloß Staub ist und sonst nichts.
Hoffend auf die Zukunft, wartend auf die Zukunft,
hat sich der Staub in einen Traum gehüllt.
Er nimmt den Glanz des Traums an.
Er glitzert. Der Traum gibt einem das Gefühl,
jemand zu sein.
Und Träumen kostet nichts, also kannst du träumen.
Bettler können träumen, Kaiser zu sein,
es gibt kein Gesetz dagegen.
Um das Sein zu vermeiden,
wird ein Traum des Werdens projiziert.

Jene zwei Landstreicher
stellen die ganze Menschheit dar.
Der Mensch ist ein Landstreicher.
Von woher kommst du?
Du kannst es nicht sagen.
Wohin gehst du?
Du hast keine Antwort darauf.
Wo bist du grad jetzt, in diesem Augenblick?
Du kannst höchstens die Achseln zucken.

Der Mensch ist ein Landstreicher,
ein Wanderer, ohne Heim in der Vergangenheit,
ohne Heim in der Zukunft,
ein Wanderer auf ständiger Wanderung, endlos .
Beckett hat recht:
Jene zwei Landstreicher sind die ganze Menschheit.

Aber um einen Traum zu schaffen,
ist einer nicht genug. Es gehören zwei dazu.
Denn einer allein reicht einfach nicht aus.
Die Hilfe des anderen ist nötig.

Deshalb versuchen alle,
die aus den Träumen herauskommen wollen,
allein zu bleiben.
Sie fangen an, still zu werden.
Sie meditieren, ziehen in den Himalaja.
Sie versuchen, allein zu sein.
Denn allein zu sein, das fällt schwer.
Nach und nach, wieder und wieder,
wirst du auf deine Wirklichkeit zurückgeworfen.
Die Stütze fehlt, die Ausrede fehlt;
so wird der andere nötig.

So kommt es, daß sich dem, der sich verliebt,
das ganze Dasein mit Träumen füllt, explosionsartig.
Der andere ist da! Nun könnt ihr zusammen träumen und
einander helfen, euch selbst zu vermeiden.
Deshalb soviel Bedürfnis nach Liebe:

Es ist ein Bedürfnis nach Traum.

Allein zu träumen, ist nicht so einfach.
Wieder und wieder wird der Traum zerstört,
und du wirst zurückgeworfen auf die bloße,
nackte Wirklichkeit, die Leere.

Ein Geliebter ist nötig:
jemand, an den man sich klammern kann,
jemand, nach dem man sich richten kann,
jemand, mit dem man teilen kann,
jemand, der die Lücken füllt,
der dich aus dir selbst herausholt,
so daß du deiner nackten Wirklichkeit nicht
von Angesicht zu Angesicht gegenübertreten mußt.

Zwei Landstreicher sitzen da.
Der Vorhang hebt sich. Sie warten auf Godot.
Sie fragen einander nicht:
„Wer ist dieser Godot überhaupt?"
Weil diese Frage gefährlich wäre.
Sie wissen nämlich beide im tiefsten Herzen,
daß sie auf niemanden warten.

Es ist gefährlich, riskant, zu fragen, wer Godot ist.
Die bloße Frage zu stellen, wäre gefährlich:
Der Traum ginge in Scherben.
Sie haben Angst, also fragen sie nicht.

Diese eine Frage:
„Wer ist dieser Godot?“ vermeiden sie ständig.
Das ist aber die grundsätzliche Frage,
die im selben Augenblick gestellt werden muß,
da man bewußt wird.
Du wartest auf Godot? Frag, wer dieser Godot ist!

Aber das ist ihnen zu heikel,
sie reden über alles mögliche andere. Sie sagen:
„Wann soll er denn kommen? Bist du sicher,
er wird diesmal sein Versprechen halten?
Gestern hat er uns enttäuscht.
Vorgestern ist er auch nicht gekommen.
Heute genauso: Die verabredete Zeit verstreicht,
und er scheint nicht zu kommen.“
Sie schauen immer wieder die Straße hinunter.
Die Straße ist leer.

Aber sie fragen nie die grundsätzliche Frage.
Sie fragen nie: „Wer ist dieser Godot?“
Sie fragen nie: „Wann hat er dir versprochen zu kommen?
Wo hast du ihn getroffen?
Woher weißt du, daß es ihn gibt?“

Nein, daran rühren sie nie.

Auf diese Art leben alle weltlichen Menschen:
Sie stellen nie die eigentlichen Fragen.
Das ist gewagt, das ist absolut gefährlich.

Man muß sich verstecken.
Man muß so tun, als kenne man die eigentlichen Fragen;
man stellt immer nur nebensächliche Fragen.

Denkt daran: Wenn ihr zu mir kommt,
geschieht es sehr selten,
daß jemand eine grundsätzliche Frage stellt.
Und wenn ich euch auf die grundsätzliche Frage
hinführen möchte, kriegt ihr Angst.
Ihr fragt unnütze Dinge,
die beantwortet werden können,
bei denen ihr aber, selbst wenn sie beantwortet sind,
nichts gewinnt.
Denn sie sind nicht grundsätzlich.

Es ist, als würde dein Haus brennen,
und du fragst: „Wer hat diese Bäume gepflanzt?"
Die Frage mag sinnvoll erscheinen,
sie läßt sich beantworten, aber was kommt dabei heraus?
Frag nach dem Fundamentalen.

Das Haus steht in Flammen, du mußt etwas tun.
Aber sie fragen nie.
Wieder und wieder sagen sie:
„Wieder geht ein Tag vorbei, und er ist nicht gekommen."
Und einer hilft dem anderen: „Er muß auf dem Weg sein.
Er muß verhindert sein.
Es gibt tausenderlei Gefahren, aber er ist jemand,
auf den man sich verlassen kann.

Er ist zuverlässig."
Und dieses „Er" ist einfach leer.

Ein weiterer Tag ist vergangen,
und immer noch kommt er nicht.
Und sie sind es leid und beginnen zu maulen:
„Nun ist es genug. Jetzt reicht es!"
Sie wollen nicht mehr warten.
Sie wollen weg – aber sie gehen nie weg.
Anderntags sind sie wieder da,
sitzen wieder am gleichen Platz,
warten wieder auf Godot.
Und erst gestern hatten sie sich entschlossen,
hatten sie sich mit allem Nachdruck entschlossen,
daß sie jetzt weggehen wollten, daß es aus sei.
Man kann nicht sein Leben lang warten.
„Wenn er kommt, gut; wenn nicht, auch gut."

Warum gehen sie nicht?
Wieder und wieder sagen sie,
daß sie jetzt fortgehen.
Die Schwierigkeit ist: Wohin?
Du kannst gehen – aber wohin?
Wo du auch hingehst,
du wirst wieder auf Godot warten.
Eine Ortsveränderung wird nicht helfen.

Du kannst nach Indien kommen.
Du kannst in England sein. Oder in Amerika.

Oder du kannst nach Japan gehen.
Aber was kommt dabei heraus?

Du wirst auf Godot warten!
Japan, England, Indien, alles ist das gleiche.
Der geographische Wechsel hilft nicht.

Immer wenn die Menschheit in tiefem Aufruhr ist,
brechen die Leute daher auf.
Sie ziehen von einem Land zum anderen.
Sie sind immer auf dem Sprung.
Sie sind immer nach irgendwohin unterwegs.
Sie kommen nirgendwo an,
sind aber immer nach irgendwohin unterwegs.
In Wirklichkeit wollen sie nirgendwo hin,
sondern nur von dem Ort fort, wo sie sind.

Wenn sie in Amerika sind, gehen sie nach Indien.
Wenn sie in Indien sind, gehen sie nach Japan.
Wenn sie in Japan sind, gehen sie nach Nepal.
Sie gehen nirgendwohin!
Sie versuchen einfach dem Platz, wo sie gerade sind,
zu entkommen. Aber überall bleiben sie dieselben.
Nichts geschieht.
Denn Geographie hat nichts damit zu tun.

In gewisser Weise sind da diese Landstreicher echter,
ehrlicher. Sie fassen ihren Entschluß aus Wut,
Sie fluchen, sie poltern, und sie sagen: „Jetzt reicht's.

Morgen früh sind wir nicht mehr hier,
um auf Godot zu warten.
Jetzt gehen wir."

Am anderen Morgen, geht wieder die Sonne auf,
und sie sind am gleichen Ort und warten wieder.
Und fragen wieder, wann er kommt.
Sie haben völlig vergessen,
daß sie gestern abend beschlossen hatten zu gehen.

Aber wohin? Es gibt kein Wohin.

Dies ist die zweite Grundwahrheit über die Menschheit.
Die erste: Nichts geschieht je.
Es scheint etwas zu geschehen,
aber du bleibst derselbe.
Schau in dein Wesen.
Ist dort jemals etwas geschehen?
Du warst ein Kind, und du träumtest sehr viel.
Und dann wachtest du auf,
und du träumtest immer noch viel.
Dann wurdest du alt und träumtest immer noch.
Früher träumtest du von den Schätzen dieser Welt,
jetzt träumst du vielleicht von den Schätzen eines Jenseits.
Aber ist je irgendetwas mit dir geschehen?

Und hab keine Angst – denn wenn du Angst hast,
beginnst du, zweitrangige Fragen zu stellen.
Religion heißt, die eigentliche Frage zu stellen,

die grundlegende Frage. Und es ist sehr wichtig,
sie mutig zu stellen, denn indem du so fragst,
kommst du der Mitte näher.

Die zweite Wahrheit:
Du bist weiter und weiter und weiter gegangen,
von einem Ort zum anderen,
von einer Stimmung zur anderen,
von einer Ebene zur anderen:
Nie kommst du irgendwo an.

Bist du irgendwo angekommen?
Kannst du sagen, du seist irgendwo angekommen?
Es ist immer eine Abfahrt, zu einer Ankunft kommt es nie.
Immer fahren Züge ab, immer starten Flugzeuge,
stehen die Leute bereit in ihren Wartesälen.
Immer Abfahrt – niemals irgendwo Ankunft.
Wie absurd, das Ganze!
Aber nie stellst du diese beiden eigentlichen Fragen.
Denn dann sprudelte von selbst die dritte hoch:
Wer bist du?
Denn es ist nicht wirklich sinnvoll zu fragen,
wer Godot ist. Den hast du dir erschaffen.
Eure Götter sind eure Geschöpfe.

Vergeßt, was die Bibel sagt:
daß Gott den Menschen
nach seinem Ebenbild erschuf.
Es ist genau umgekehrt:

Der Mensch erschuf Gott nach seinem Ebenbild.
Das ist Godot.
Er ist eure Schöpfung. Er ist euer Traum.

Um euch irgendwie eine Wichtigkeit,
eine Bedeutung zu verleihen,
habt ihr einen Gott im Himmel erfunden.
Nicht Gott hat die Welt erschaffen,
Nicht Gott hat den Menschen erschaffen.
Der Mensch hat all dies erfunden.

Eine wirkliche Religion,
eine authentische Religion fragt nicht, wer Gott ist.
Sie fragt: „Wer bin ich?"
Ich muß auf meine ureigenste Quelle stoßen.
Dort, und nur dort – die Offenbarung.
Jesus, Buddha oder Baal Schem Tov,
sie sind es, die die wesentlichen Fragen stellen.

Und was das Fragen nach dem Wesentlichen betrifft,
so muß auch dies verstanden werden:
Auf Fragen nach dem Wesentlichen
gibt es keine Antworten.
Die Frage selbst ist die Antwort!
Wenn du sie authentisch stellst,
wird sie im Fragen selbst beantwortet.
Nicht etwa, daß du fragst:
Wer bin ich, wer bin ich, wer bin ich?
und eines Tages dann zu der Einsicht kommst,

daß du A bist oder B oder C oder D …
Nein, du wirst A, B, C, D niemals erkennen.
Nach und nach geht die Frage,
je mehr du sie stellst, immer tiefer.

Eines Tages, plötzlich, verschwindet die Frage,
stehst du deinem eigenen Wesen
von Angesicht zu Angesicht gegenüber,
bist du offen für dein eigenes Wesen.
Die Frage ist weg, und keine Antwort ist da.

Hieran kannst du es unterscheiden.
Wenn sich eine Frage beantworten läßt,
ist sie nicht wesentlich.
Wenn eine Frage dadurch, daß sie gestellt wird,
verschwindet, ist sie wesentlich.
Und genau in diesem Verschwinden
bist du ans Ziel gelangt.
Und zum ersten Mal geschieht etwas.
Zum ersten Mal bist du nicht mehr der gleiche.
Godot ist zwar nicht gekommen,
aber das Warten verschwindet.

Du wartest nicht mehr, du bist angekommen.
Und sobald du angekommen bist,
hat sich die Qualität deines Seins total verändert.
Dann kannst du feiern.
Wie kannst du feiern,
wenn du noch nicht angekommen bist?

Du bist traurig, unglücklich.
Wie kannst du tanzen,
wenn das Ziel ganz weit weg ist? –
so weit weg, daß es da offenbar keine Möglichkeit gibt,
es je erreichen zu können.
Wie kannst du da fröhlich sein?
Wie kannst du dich da freuen?
Wie kann da Freude über dich kommen?
Du bist noch unterwegs!
Der Same ist immer noch Same,
und die Blüte ist weit entfernt.
Nein, das ist nicht möglich.

Wenn der Same zur Blüte wird,
ist die Freude, ist das Entzücken da.

Sobald du verstehst, wer du bist,
sobald du tief in deine Leere hineingehst
und keine Angst hast,
sobald du deinen inneren Tod annimmst,
und du ihm nicht zu entkommen versuchst
durch Träume und Projektionen,
sobald du dich darein schickst,
daß du ‚Staub zu Staub' bist,
und es zwischen diesen beiden Ereignissen
nichts gibt als eine tiefe Leere,
bist du dort angekommen, was Buddha *nirvana* nennt.
Und das ist es, was die Chassidim Gott nennen.
Es ist nicht euer Godot.

Die Juden haben stets darauf bestanden,
daß der Name Gottes
nicht ausgesprochen werden darf.
Weil er, ausgesprochen, verfälscht wird.
Er ist nicht sagbar; er ist unaussprechlich.
Du kannst ihn in deinem Herzen bewahren,
aber nicht von ihm berichten.
Du kannst es *werden,*
aber du kannst es nicht ausdrücken.

Und die Juden haben in diesem Punkt
ein völlig richtiges Gefühl.
Gott ist kein Wesen;
Gott ist ein Phänomen.
So riesig, so grenzenlos, daß kein Wort es fassen kann.
Allein das unendliche Herz kann es fassen.
Allein die unendliche innere Leere kann es fassen.

Wenn du in dein Inneres hineingehst,
wirst du fühlen, wie du in einen Raum hineingehst,
worin du verlorengehst –
genau wie ein Tropfen Wasser verlorengeht,
der in den Ozean fällt.
Du wirst verloren sein, das ist die Angst.
Deshalb bekommt ihr Angst vor dem Tod,
und beginnt ihr zu träumen: Zukunft, Projektionen …
Wenn ihr euer Wesen betretet, ist das immer wie Tod.
Es ist eine Kreuzigung. Es ist ein Kreuz.
Aber wer genug Mut hat …

Und Feiglinge können niemals religiös werden.
Nur sehr seltene, mutige Seelen,
die bereit sind, sich aufzugeben, erlangen es.
Man muß dafür bezahlen, und unter dem geht es nicht.
Du mußt dich verlieren, um es zu gewinnen.

Wenn du einmal bereit bist, in die Leere hineinzugehen,
verschwindet plötzlich die Angst.
Die Energie, die in ihr steckte, wird zum Freudenfest.
Du kannst tanzen, denn was wie Leere schien,
war nur dem Verstand als solche vorgekommen.
Es war nicht leer. Es war so voll, daß der Verstand diese
ganze Fülle nicht fassen konnte!

Der Verstand ist ohnmächtig.
Der Verstand ist negativ.
Der Verstand ist leer.
Er versteht die Sprache des Leeren.
Wenn etwas übervoll ist,
dann kann der Verstand es nicht fassen.
Es ist, als hättest du
dein ganzes Leben lang in Dunkelheit verbracht.
Dann plötzlich wirst du hinausgeführt ins Sonnenlicht,
und deine Augen werden blind.
Es blendet so, das Licht ist zu stark.
Du kannst deine Augen nicht öffnen.
Du siehst Dunkelheit.
Vor der Sonne stehend, stehst du im Dunkeln.

Bislang hast du mit dem Verstand gelebt.
Verstand heißt Zukunft.
Verstand heißt das, was nicht ist.
Verstand heißt Traum, Schein, Illusion, *maya.*
Maya heißt: eine magische Welt.
Du erfindest dir deine eigene Welt,
und du lebst in ihr.
Du erfindest deine Hirngespinste, und darin lebst du.
Deine Hölle und dein Himmel –
alles Projektion.

Sobald du dein innerstes Wesen betrittst,
kommt der Verstand nicht mehr mit.
Er kennt sich in der neuen Sprache,
der neuen Umgebung überhaupt nicht aus.
Sie ist ihm völlig unbekannt.
Der Verstand wird damit nicht fertig.
Er dreht einfach durch, es ist zuviel für ihn.
Das Licht ist so hell und gleißend,
dem Verstand wird schwarz vor Augen.
Du kriegst Angst, und du läufst davon.
Dann erschaffst du dir einen falschen Gott,
einen Godot.

Ein Godot ist ein falscher Gott.
Es mag Reichtum sein.
Es mag Ansehen und Macht sein.
Es mag Politik sein. Es mag Ego sein.
Es mag ein Gott im Himmel sein.

Aber all das ist Godot.
Du hast es erfunden.
Du weißt nicht, was ist.
Unwissend was ist,
spinnst du es in deinen eigenen Traum ein.

Wahre Religion ist ein Erforschen dessen, was ist.
Unwahre Religion ist erfinderisch.
Wahre Religion ist eine Entdeckungsreise.
Unwahre Religion ist eine Erfindung.
Der Verstand erfindet.
Und der Verstand ist das Hemmnis.
Und sobald der Verstand erfindet,
entwirft er großartige Philosophien:
Christentum, Hinduismus, Judentum.

All die großen Mystiker – Chassidim, Zenmeister, Sufis –
sie sind rebellisch.
das müssen sie auch sein.
Ein religiöser Mensch ist ein rebellischer Mensch.
Das ist zwangsläufig so.
Religion und Rebellion sind die zwei Seiten
ein und derselben Medaille.

Es gibt Religionen der Godots:
Kirchen, Moscheen, Tempel;
organisiert um ein Glaubensbekenntnis herum,
organisiert aus der Angst heraus,
organisiert, weil der Verstand

vor der inneren Leere davonläuft:
Ideologien, Dogmen, die euch ausfüllen sollen.
Sie alle sind Hemmnisse.

Ein Jesus, ein Buddha oder ein Baal Schem Tov
sind notgedrungen rebellisch.
Ich nenne sie nicht Revolutionäre –
ich nenne sie rebellisch.
Und der Unterschied muß gut verstanden werden.

Ein Revolutionär ist einer,
der die Gesellschaft verändern will,
der die Regierung verändern will,
der die Struktur verändern will –
ökonomisch, politisch, religiös.
Ein Revolutionär ist nicht spirituell.
Ihm geht es nicht darum, sich selbst zu verändern.
Er denkt, wenn die anderen sich ändern,
dann wird alles in Ordnung sein.
Ein Revolutionär lebt in einer Illusion.
Alle Revolutionen sind gescheitert,
absolut gescheitert.
Und letzten Endes kann eine Revolution nicht gelingen.

Die ganze Haltung zielt von vornherein falsch:
sie bemüht sich, die *anderen* zu ändern.
Einem rebellischen Menschen geht es nicht
um die Struktur der Gesellschaft, des Staats,
der Regierung – nein.

Ihm geht es um sein eigenes Wesen.
Er ist Individualist. Revolutionäre gründen Parteien.
Ein rebellischer Mensch ist allein,
er ist seine eigene Revolution.
Wo immer er hingeht,
geht eine Revolution von ihm aus.
Sein ganzes Wesen ist eine verändernde Kraft.

Ein Jesus, ein Buddha, ein Zarathustra:
dies sind rebellische Menschen.
Sie haben ihr eigenes Wesen verändert,
sie sind angekommen.
Schon an ihrem Erscheinungsbild
kann man ihre Heiterkeit, ihre Ruhe,
ihre unmerkliche Freude erkennen –
einfach an der Art, wie sie atmen,
an der Art, wie sie sich bewegen.
Du kannst es beobachten, du kannst es fühlen,
du kannst die Melodie hören, die sie umgibt,
die feinen Wellen ihrer inneren Ruhe.
Wenn du dich öffnest, wird sie in dich einströmen.

Eine Rebellion hat stattgefunden.
Was sie jetzt sind, ist völlig neu.
Das Alte ist tot,
und das Neue ist geboren.
Das ist der Sinn von der Geschichte,
daß Jesus gekreuzigt wurde *und* auferstand.
Es ist eine Metapher.

Such nicht Geschichte darin.
Sobald ihr Metaphern historisch nehmt,
stellt ihr euch äußerst dumm an.
Es ist eine schöne, poetische Metapher:
Christus wird gekreuzigt, und am dritten Tag
ersteht er wieder auf.
Ein neues Leben: unsterbliches Jetzt, ewiges Jetzt.

Wenn du nach innen gehst,
und auf die innere Leere stößt, wirst du sterben.
Und es wird sich eine Kluft auftun:
Das symbolisieren diese drei Tage.
Es wird sich eine Kluft auftun.
Du wirst drei Tage lang tot liegen,
wie Jesus in der Grabhöhle.
Es muß nur eine Lücke da sein
so daß das Alte völlig verschwinden kann.
Denkt dran – völlig, restlos,
nicht einmal ein winziges Bruchstück
von ihm darf zurückbleiben,
weil das das Neue vergiften kann.

Darum ist die Lücke notwendig:
damit das Alte völlig fort ist, und das Neue eintritt.
Es gibt zwischen beiden keine Kontinuität,
da ist nicht die geringste Kontinuität.
Es ist ein Sprung.

Jesus, der Sohn Josefs und Marias, starb,

und dann kehrte nach drei Tagen Christus ins Leben zurück,
der Sohn Gottes, das Neue.

Gewöhnliche Religion ist etwas Unwahres.
Hütet euch davor. Da darf man studieren,
und während man studiert, kann man sich wohlfühlen.
Während du studierst, kannst du dich vergessen.
Du kannst dich auf spitzfindige Theorien einlassen,
und das mag eine gewisse intellektuelle Freude hergeben,
ein intellektuelles Vergnügen.
Du kannst auf Rituale abfahren,
und das mag einen gewissen Rausch hergeben.

Wenn man ständig ein Mantra wiederholt,
fühlt man sich berauscht.
Da wird durch Töne ein innerer Alkohol erzeugt.
Oder du kannst auf Drogen abfahren;
damit änderst du deine innere Chemie,
und für einige Augenblicke erreichst du eine Höhe,
die unecht ist, die keine wahre Höhe ist,
weil du nicht zu ihr hinaufgewachsen bist.
Die Chemie hat dich hochgeschoben.

Dies will gut verstanden sein:
die Körperchemie kann auf vielerlei Art verändert werden.
Sie kann durch Drogen verändert werden:
LSD, Marihuana oder anderes.
Sie kann durch alte Methoden verändert werden,
etwa durch zuviel Sauerstoff im Körper.

Du kannst zuviel Sauerstoff einatmen;
das verändert deine Chemie.
Wenn du fastest, ändert das deine Chemie.
Selbst wenn du auf dem Kopf stehst,
ändert das deine Chemie,
weil jetzt mehr Blut im Hirn zirkuliert.

Man kann die Chemie auf manche Weise ändern.
Drogen sind der letzte Schrei.
Aber alle diese Methoden sind ebenfalls Drogen,
die deine Chemie verändern.
Sie mögen besser sein als psychedelische Drogen,
sind aber trotzdem das gleiche.

Durch Rituale, durch Studium,
durch Glauben, durch Selbsthypnose
kannst du zu ein paar Lichtblicken kommen,
die aber unwahr sind. Wie wenn du fest schläfst,
und in einem Traum die Sonne aufgehen siehst.
In einem Traum ist die Sonne nicht wirklich,
das ganze ist eine Halluzination.
Wenn du aufwachst, ist es dunkle Nacht.

Die falsche Religion, die Kirche, die Organisation,
sie haben immer nur Rauschmittel, Drogen geliefert.
Sie mögen gegen die heutigen Drogen sein,
aber sie sind nicht gegen Drogen an sich.
Sie sind nur immer für das Alte;
das Alte ist für sie immer besser.

Ich bin gegen alle Drogen, alt oder neu.
Ich bin selbst gegen Yoga,
weil das auch nur ein Weg ist, die Chemie zu verändern.
Aber was dann?

Denn solange du dich noch nicht
um dein eigenes Wachstum kümmerst,
bleibt folgende Geschichte wahr.
Ich werde sie vorlesen:

Ein junger Rabbi
klagte dem Rabbi von Rizhyn sein Leid:
Während der Stunden,
da ich mich meinen Studien widme,
fühl ich Leben und Licht;
aber sobald ich damit aufhöre,
ist alles weg.
Was soll ich tun?

Das ist möglich.
Wenn ihr mir zuhört, kann dasselbe passieren:
Ihr hört mir zu und fühlt vielleicht
manchmal Licht und Leben,
weil sogar das Zuhören die Körperchemie verändert.
Indem du meiner Stimme, dem Rhythmus,
ständig aufmerksam und bewußt zuhörst,
wird dabei deine Körperchemie verändert.
Du schaust mich unentwegt an;
eine unmerkliche Hypnose tritt ein.

Du hörst mir unentwegt zu:
Dein eigenes Denken hält an.
Du fühlst Leben.
Du fühlst Licht.
Aber verlaß dich nicht drauf.
Und meine nicht, damit etwas erreicht zu haben.

Ich frage die Leute:
„Welche Meditation bekommt dir am meisten?"
Viele sagen: „Der Vortrag morgens.
Wenn wir dir zuhören – diese Meditation geht am tiefsten."
Aber das ist eine Art von Hypnose. Paßt auf!
Dem jungen Rabbi ist es vielleicht auch so ergangen:

Während der Stunden,
da ich mich meinen Studien widme,
fühl ich Leben und Licht,
aber sobald ich damit aufhöre,
ist alles weg.

Wenn du diese Halle verläßt,
und du bist für dich allein,
wie lange hält die tiefe Meditation an,
die du bei mir gespürt hast? Sie wird weg sein.
Bevor du das Tor erreicht hast,
ist sie nicht mehr bei dir.
Und es ist gut, daß sie weg ist.
Sonst bleibst du ständig in Illusion.

Es ist gut, daß ihr sie nicht
mit nach Hause nehmen könnt.
Es ist gut, daß ihr euch nicht darauf verlassen könnt.
Denn sonst – so seid ihr nunmal beschaffen –,
würdet ihr einen Schatz daraus machen
und darüber vergessen, daß er nicht euch gehört.

Solange Religion nicht dir gehört,
ist sie noch nicht geschehen.
Und das ist eins von den wichtigsten Dingen,
die man sich ständig merken muß,
weil der Verstand nur allzu sehr dazu neigt,
dies zu vergessen – weil es so billig und leicht ist.

Wenn ihr mir zuhört, die Gita lest,
den Talmud oder die Bibel,
hebt euch das aus eurem Verstand heraus.
Ein fremdes Element tut auf euch seine Wirkung.
Dies fremde Element mag Jesus, Buddha oder ich sein –
aber jemand außerhalb von euch hat euch hochgezogen.
Kaum ist es nicht mehr da,
werdet ihr auf eure Wirklichkeit zurückgeworfen.
Und fast immer geschieht es,
daß ihr noch tiefer zurückfallt als vorher.

Es ist so, wie wenn du eine Straße entlanggehst.
Die Nacht ist dunkel, und ein Auto kommt vorbei.
Einen Augenblick lang – ein starkes Licht;
die Scheinwerfer des Wagens blenden deine Augen.

Dann ist das Auto weg.
Die Dunkelheit ist noch größer als zuvor.

Indem ihr mir zuhört,
die Gita lest, den Koran, den Talmud,
kommt ein Wagen mit Aufblendlicht vorbei.
Ihr seid für einen Augenblick geblendet,
herausgehoben aus der riesigen, dunklen Nacht,
die euch umgibt.
Aber wenn der Wagen vorbei ist,
wenn ein Buddha, ein Jesus vorbei ist,
seid ihr plötzlich in einer tieferen Finsternis als zuvor.

Nebenbei bemerkt macht euch bitte klar,
daß die bei weitem meisten Mystiker in Indien geboren wurden.
Eben darum befindet sich Indien in solcher Dunkelheit.
So viele Menschen haben hier den Geist geblendet:
ein Buddha, ein Mahavir, ein Krishna …
Es sind ihrer Tausende, eine lange Prozession,
wieder und wieder.
Und sie verzauberten die Menschen;
die Menschen wurden hypnotisiert.
Und als sie vorbeigegangen waren,
fielen die Leute in eine tiefere Nacht als je zuvor.

Geht und schaut euch das indische Denken an:
Ihr werdet nirgendwo auf der Welt
etwas Verkommeneres finden.
Es ist völlig verrottet, bis in die Wurzeln.

Und der Grund dafür ist: zuviel Licht.
Und nicht genug Aufnahmefähigkeit, es zu verkraften.
Denn Licht kann man erst dann absorbieren,
wenn man ihm gewachsen ist.

Schaut nicht in die Sonne –
die Netzhaut kann verbrennen.
Man muß es lernen, und mit Lernen meine ich:
man muß die Fähigkeit entwickeln.
Die Augen müssen stärker und stärker und stärker werden,
und dann kann man in die Sonne sehen,
und es wird hilfreich sein, es kann ungemein hilfreich sein.

Selbst Wissenschaftler stimmen heute überein,
daß das Dritte Auge – sie haben ihren
wissenschaftlichen Namen dafür, das macht nichts,
eine gewisse Drüse, Zirbeldrüse oder wie immer,
sich von Licht nährt.
Wenn du in ein Licht schaust, eine Flamme,
tritt dein drittes Auge in Funktion.
Es nährt sich von Licht.
Darum ist es schwierig, tagsüber zu schlafen,
weil das Licht da ist,
und das dritte Auge dann weiter intakt ist und lebendig wird.
Darum ist es schwierig, nachts bei Licht zu schlafen.
Du möchtest Dunkelheit,
sonst tritt das dritte Auge in Funktion,
und die Funktion des dritten Auges ist Bewußtheit.
Daher die Hindu-Methode des *tratak* –

in eine Flamme zu schauen.
Wenn man über eine längere Zeit in eine Flamme schaut,
einige Monate lang, jeden Tag eine Stunde,
beginnt das dritte Auge sich voll zu öffnen.
Du wirst wacher, mehr lichterfüllt.

Das Wort *tratak* kommt von einer Wurzel,
welche Tränen bedeutet.
Du mußt also die Flamme solange anschauen,
bis dir Tränen aus den Augen treten.
Starre immerzu hin, ohne zu blinzeln,
und das dritte Auge gerät in Schwingung.
Aber schaut nicht in die Sonne.
Zur Sonne darf man erst und nach übergehen.
Wenn man dreißig oder vierzig Minuten lang
in die Sonne sehen kann, ohne sich
die Netzhaut zu verbrennen, ist plötzliche Erleuchtung möglich.
Weil sich das dritte Auge vom Licht nährt.

Wenn du mich anschaust,
ist da mit einem Mal ein kleines Licht in dir.
Du hörst mir zu, du wirst aufmerksam.
Wenn du aufmerksam wirst, sammelt sich
dein drittes Auge auf einen Punkt.
Du schaust mich an, du beobachtest mich,
oder du liest ein Buch – nicht ein beliebiges Buch,
ein Buch, das von einem Menschen kommt,
der angelangt ist: eine Thora.

Tausende von Jahren sind seither vergangen,
aber der Mensch, der diese Worte aussprach
oder diese Worte niederschrieb – wenn er gewußt hätte ...
Eine gewisse Schwingung geht nach wie vor davon aus.
Du wirst aufmerksam, du fühlst Licht,
und wann immer du Licht fühlst, fühlst du Leben.
Beherzigt diese Verbindung!
Wann immer du dich tot fühlst,
wirst du dich dunkel fühlen.
Wann immer du Leben fühlst, wirst du Licht fühlen.

Es gibt einen Ausspruch von Jesus:
„Komm folge mir. Meine Last ist Licht."
Für gewöhnlich erklären Christen das so:
„Meine Last ist nicht schwer", – das ist nicht wahr.

Wenn Jesus sagt: „Meine Last ist Licht",
meint er tatsächlich Licht.
Er meint nicht: nicht schwer.
„Komm folge mir. Meine Last ist Licht.
Das ist die einzige Last, die ich trage: das Licht."
Und Licht hat kein Gewicht.
Darum die Nebenbedeutung: nicht schwer.

Licht hat kein Gewicht.
Es ist das Gewichtsloseste von der Welt,
der unstofflichste Stoff.
Wann immer du Licht in dir fühlst,
erlebst du plötzlich ein Aufwallen von Lebensenergie.

Ein junger Rabbi
klagte dem Rabbi von Rizhyn sein Leid:
„Während der Stunden,
da ich mich meinen Studien widme,
fühl ich Leben und Licht;
aber sobald ich damit aufhöre,
ist alles weg.
Was soll ich tun?“

Der Rabbi von Rizhyn erwiderte:
„Das ist, wie wenn jemand
in dunkler Nacht durch den Wald geht,
und für eine Strecke Wegs begleitet ihn ein anderer,
der eine Lampe hat.
An der Wegkreuzung aber trennen sie sich,
und der erste muß jetzt allein weitertappen.
Aber wenn einer sein eigenes Licht mit sich trägt,
braucht er sich vor keiner Dunkelheit zu fürchten.

Ich treffe dich unterwegs. Ich habe eine Lampe.
Plötzlich bist du nicht mehr im Dunkeln.
Aber es ist meine Lampe.
Bald werden wir uns trennen,
weil dein Weg dein Weg ist,
und meiner ist meiner.
Und jedes Wesen hat seine eigene Art
zu seiner Bestimmung zu finden.
Für eine Weile vergißt du die Dunkelheit ganz.
Mein Licht leuchtet mir so gut wie dir.

Aber bald kommt der Augenblick,
da wir uns trennen müssen.
Ich folge meinem Weg, geh du deinen eigenen.
Nun mußt du wieder im Dunkeln tappen,
und das Dunkel wird dunkler sein als zuvor.

Verlaß dich also nicht auf das Licht eines anderen.
Es ist sogar besser, im Dunkeln zu tappen,
aber laß dieses Dunkel dein eigenes sein!
Das Licht eines anderen ist nicht gut.
Da ist sogar die Dunkelheit besser,
die einem selbst gehört.
Sie gehört wenigstens einem selbst.
Es ist wenigstens deine Wirklichkeit.
Und wenn du in deinem eigenen Dunkeln lebst,
wird sogar die Dunkelheit immer mehr abnehmen.
Du wirst dich zurechtfinden können.
Du wirst die Kunst lernen. Du wirst nicht fallen.
Blinde fallen nicht.

Versucht einmal, mit geschlossenen Augen zu gehen;
das wird schwer werden.
Nicht einmal hundert Schritte kannst du gehen.
Aber der Blinde kann die ganze Strecke laufen.
Die Blindheit ist seine.
Bei geschlossenen Augen
ist die Blindheit geborgt. Sie ist nicht deine.
Selbst Dunkelheit, wenn es die eigene ist, ist recht.
Die eigenen Fehler sind besser,

als die Tugenden anderer, vergeßt das nie!
Der Verstand ist nämlich immer versucht
nachzuäffen, zu borgen.
Aber alles Bedeutsame kann nicht geborgt werden.
Nein, das Reich Gottes
betrittst du niemals mit geborgtem Geld, nein, unmöglich.
Du kannst die Wächter nicht bestechen,
weil es da keine Wächter gibt.
Und du kommst durch keine Hintertür rein,
weil es da keine Türen gibt.

Du mußt gehen und im Gehen deinen Weg erfinden.
Trampelpfade stehen nicht zur Verfügung.
Aber genau das ist es,
was falsche Religion den Leuten beibringt:
„Komm her. Hier ist eine Autobahn.
Sei Christ, und alles ist geritzt.
Dann nehmen *wir* alle Last auf uns,
dann sind *wir* verantwortlich."

Jesus sagt: „Sei du selbst."
Der Papst im Vatikan sagt: „Folge dem Christentum."
Alles Christentum ist gegen Christus.
Alle Kirchen sind gegen Religion.
Sie sind die Hochburgen
von Anti-Religion und Anti-Christ.
Denn wer je erkannt hat, der hat betont:
„Sei du selbst."
Es gibt keine andere Seinsweise.

Alles andere ist falsch, unehrlich, unaufrichtig,
ist Nachahmung, häßlich.
Die einzig mögliche Schönheit ist die, du selbst zu sein –
in solcher Reinheit und Unschuld du selbst zu sein,
daß nichts Fremdes in dich eindringt.

Geh in deinem eigenen Dunkeln.
Denn durch dein Gehen, dein Tappen, wirst auch du
nach und nach dein eigenes Licht finden.
Wenn das Dunkel, das du hast, deins ist,
dann ist das Licht nicht mehr allzu fern.
Wenn die Nacht dunkel ist, ist der Morgen nah.
Er dämmert schon.

Sobald du dich auf geborgtes Licht verläßt,
bist du verloren.
Dunkelheit ist niemals so gefährlich
wie geborgtes Licht.
Wissen ist gut, aber angelerntes Wissen ist nicht gut.

Wissen gehört dir, angelerntes Wissen anderen.

Das ist, wie wenn jemand
in dunkler Nacht durch den Wald geht,
und für eine Strecke Wegs begleitet ihn ein anderer,
der eine Lampe hat.
An der Wegkreuzung aber trennen sie sich,
und der erste muß jetzt allein weitertappen.

Buddha lag im Sterben.
Vierzig Jahre war er umhergezogen mit einem Licht,
und tausende waren ihm gefolgt.
Nun sollte er sterben.

Eines Morgens sagte er:
„Heute ist mein letzter Tag.
Wenn ihr etwas zu fragen habt, so fragt."

Der Augenblick war gekommen,
der Scheideweg war da.
Nun würde er seinen eigenen Weg gehen.

Plötzlich waren alle
von unendlicher Dunkelheit umgeben.
Ananda, Buddhas Hauptjünger,
fing zu weinen an wie ein Kind.
Er schlug auf sein Herz,
die Tränen strömten – fast wahnsinnig.

Buddha sagte: „Was machst du da, Ananda?"
Ananda sagte: „Was sollen wir jetzt machen?
Du warst hier, und wir folgten in deinem Licht.
Alles war sicher und geschützt.
Wir haben völlig vergessen, daß es Dunkelheit gibt.
Wir brauchten dir nur zu folgen,
und alles war hell. Vierzig Jahre lang, und nun gehst du.
Du läßt uns in tiefster Dunkelheit zurück.

Wir waren besser dran, bevor wir dich trafen,
denn zumindest waren wir ans Dunkel gewöhnt;
jetzt ist diese Gewöhnung auch dahin.
Laß uns nicht im Dunkeln zurück!
Wir konnten die Erleuchtung nicht finden,
während du hier warst.
Und wenn du jetzt gehst, was dann?
Wir sind für immer verloren."
Und wieder begann er zu weinen und zu schluchzen.

Buddha sagte: „Hör zu.
Vierzig Jahre lang bist du in meinem Licht gegangen,
und du konntest nicht zu deinem eigenen Licht finden.
Denkst du vielleicht, wenn ich noch vierzig Jahre länger lebte,
würdest du zu deinem eigenen Licht finden?
Oder gar nach viertausend oder viermillionen Jahren?
Je länger du in einem geborgten Licht gehst,
je mehr du nachahmst, desto mehr wirst du verlieren.
Es ist besser, ich geh."

Die letzten Worte von Buddhas Lippen waren:
„Sei dir selbst ein Licht!"
Er starb mit diesen Worten: „Sei dir selbst ein Licht –
Appo deepo bhava."

Eine wunderschöne Geschichte.
Am nächsten Tag wurde Ananda erleuchtet.
Vierzig Jahre lang hatte er nicht erleuchtet werden können,
und er liebte Buddha über alles.

Er war fast zu seinem Schatten geworden,
aber er blieb unerleuchtet.
Das geborgte Licht: Er verließ sich zu sehr darauf.
Und es war so schön und so mühelos zu haben –
wer macht sich da noch andere Sorgen?

Und binnen vierundzwanzig Stunden
wurde er erleuchtet. Wie kam das?

Vierundzwanzig Stunden tiefen Weinens:
und Auge in Auge mit der Dunkelheit und der Wirklichkeit
und der eigenen Hilflosigkeit.
Jene vierundzwanzig Stunden
müssen eine Ewigkeit gewesen sein für ihn.
Es war die dunkelste Zeit,
schmerzvolles, tiefes Leid und Todesqualen.
Durch diese Hölle ging er.
Es heißt, er habe vierundzwanzig Stunden lang
unter einem Baum gelegen wie tot,
– zitternd am ganzen Körper,
die Tränen flossen unentwegt.
Die Leute glaubten, er sei verrückt geworden,
oder daß er ohne Buddha
nicht würde überleben können.

Aber nach vierundzwanzig Stunden
war er ein völlig Verwandelter.
Er öffnete seine Augen –
und niemand konnte es glauben:

Diese Augen hatten den gleichen Glanz
wie Buddhas Augen.
Sein Körper hatte die gleiche Schönheit,
den gleichen Duft. Er ging wie Buddha.
Er hatte zu seinem eigenen Licht gefunden.

Der Rabbi von Rizhyn erwiderte:
„Das ist, wie wenn jemand in dunkler Nacht
durch den Wald geht,
und für eine Strecke Wegs begleitet ihn ein anderer,
der eine Lampe hat.
An der Wegkreuzung aber trennen sie sich,
und der erste muß jetzt allein weitertappen.
Aber wenn einer sein eigenes Licht mit sich trägt,
braucht er sich vor keiner Dunkelheit zu fürchten."

Die ganze Welt braucht nicht von Licht erfüllt zu sein,
damit du gehen kannst – nur dein eigenes Herz.
Eine kleine Flamme, und das genügt.
Denn sie wird dir genug Wegstrecke erhellen,
um gehen zu können.

Niemand tut mehr als einen Schritt zur Zeit.
Eine kleine Flamme im Herzen der Bewußtheit ...
der Achtsamkeit, *dhyana,* Meditation.
Eine kleine Flamme, und das genügt.
Sie erhellt deinen Pfad ein wenig.
Dann gehst du, und das Licht geht dir wieder voraus.

Laotse sagt: „Einen Schritt zur Zeit machend,
kannst du zehntausend Meilen zurücklegen.“
Und so weit ist Gott gar nicht weg.

Godot ist sehr weit weg.
Du wirst ihn nie erreichen.
Du wirst warten und warten und warten müssen.
Er *ist* ein Warten: Godot ist ein Warten, ein unendliches,
weil er bloße Einbildung ist.
Er ist nicht da, er ist genau wie der Horizont.
Es scheint so,
als würde der Himmel nur ein paar Meilen entfernt
auf die Erde treffen.

Du denkst:
„In ein paar Stunden kann ich den Horizont erreichen.“
Du wirst ihn nie erreichen.
Die Erde stößt nirgendwo an den Himmel.
Du kannst noch so oft um die Erde herumgehen,
du kannst sie millionenfach umkreisen,
du wirst niemals auf den Horizont stoßen.
Und er wird immer da sein, gleich vor dir,
auf dich wartend.

Godot ist ein Horizont.
Es ist ein Warten.
Es füllt deine Leerheit, hält dich zum Narren.
Das ist die einzige Täuschung.
Aber Gott ist nicht weit weg.

Gott ist genau da, wo du bist – gerade jetzt.
In den Upanishaden heißt es:
„Gott ist fern und nah zugleich."
Wenn ich das übersetzen sollte, würde ich sagen:
„Godot ist fern. Gott ist immer nah.
Er ist hier – jetzt."

Genau in diesem Augenblick: Wer umgibt dich?
Genau in diesem Augenblick:
Wer pocht in deinem Inneren?
Genau in diesem Augenblick: Wer spricht zu dir?
Und wer lauscht dem?

Gott ist Leben, Gott ist diese ozeanische Energie. Irgendwo
ist er ein Baum und eine Blume
und irgendwo ein Bach und ein Lied.
Irgendwo ein Vogel. Irgendwo ein Fels.
Irgendwo du und irgendwo ich.

William Blake wurde einmal gefragt. „Wer ist Gott?"
Er sagte: „Jesus, du und ich."

Alles ist Gott. „Gott" ist nur ein Name für „alles".
Gott ist nicht jemand, der dasitzt,
der Top-Manager oder dergleichen.
Gott ist alles. Du bist darin. Er ist in dir.
Gott ist nah. Nur eine kleine Flamme,
ein kleines Licht ist nötig in dir,
Dann lebst du zum erstenmal.

Anderenfalls wünschst du nur,
lebst du nie. Hoffst du nur,
irgendwo, irgendwann einmal zu leben –
wenn Godot kommt ...
Zu leben ist nur in diesem Augenblick möglich,
weil es keinen anderen Augenblick gibt.
Und wenn ich diese Dinge sage,
fangt nicht an, darüber nachzudenken,
denn Denken ist ein Zeitablauf
und führt einen in die Zukunft.

Hört genau zu und erkennt es.
Es ist keine Frage des Denkens.
Ich spreche von keinerlei Hypothese,
ich teile euch einfach eine Tatsache mit.
Ich vermittle euch keine Ideologie;
ich verweise nur auf das, was der Fall ist.

Ihr braucht nicht darüber nachzudenken.
Ihr könnt es euch anhören,
und wenn ihr gut zugehört habt, aufmerksam,
erkennt ihr unmittelbar, daß es so ist.

Du wirst die Fährte wieder und wieder verlieren,
weil es mein Licht ist, aber sobald du weißt,
daß Licht möglich ist, wirst du zuversichtlich,
daß auch dein Licht möglich ist.
Wenn es diesem Menschen widerfahen kann,
warum nicht dir?

Meine Knochen sind genau wie deine,
mein Blut ist wie deins,
mein Fleisch ist genau wie deins.
Ich bin so sehr Staub wie du.
Und dieser Staub wird zu Staub zerfallen,
so wie dein Staub zerfallen wird.
Wenn diesem Menschen etwas so Jenseitiges
zuteil werden konnte, kannst du zuversichtlich sein.
Dann brauchst du nicht zu zögern.
Dann kannst auch du den Sprung wagen.
Mit mir zusammen, dieser Tage,
solang ihr bei mir seid,
will ich versuchen,
euch mit meinem Licht zu begleiten.

Nur merkt euch: Genießt es,
aber verlaßt euch nicht darauf.
Lest die Thora, lest die Bibel,
erfreut euch daran.
Sie sind wirklich wundervoll,
aber verlaßt euch nicht auf sie.
Genießt es, auf daß euer eigener Drang,
euer eigenes Verlangen zur Dringlichkeit wird,
zu einem Muß wird anzukommen –
dort anzukommen, wo ihr schon seid.
Es ist kein Gehen irgendwohin,
es ist ein Da-Sein, wo ihr schon seid.

Religion ist kein Ziel.

Sie ist eine Offenbarung.
Religion ist kein Wunsch.
Sie ist eine Wirklichkeit:
Nur eine kleine Kehrtwende ist nötig,
wohlgemerkt: nur eine kleine, und alles wird möglich.
Leben wird möglich.
Anderenfalls würdet ihr leer leben – und warten.

Seid nicht die Landstreicher
in Samuel Becketts Stück *Warten auf Godot.*
Wie es steht, habt ihr schon lang genug gewartet.
Macht jetzt Schluß damit.
Fangt an zu leben! Warum warten?
Auf wen wartet ihr?
Und überhaupt: Wer ist dieser Godot?

In diesem Augenblick kreuzt
die gesamte Schöpfung deinen Weg.
In diesem Augenblick gipfelt alles,
was es in dieser Schöpfung gibt, in *dir.*

In diesem Augenblick bist du das Crescendo.
Genieße es.
Wenn du verstehen kannst, daß du das Ziel bist,
dann wirst du diese kleine Anekdote
in ihrer ganzen Bedeutung und Tiefe
ganz leicht verstehen können.

Du bist das Ziel.

Du bist der Weg.
Du bist das Licht.
Du bist das Ganze, das Heile.
Und das ist damit gemeint, wenn wir sagen:
„Du bist heilig.“

Wenn ihr zu mir gekommen seid,
so vergeßt nicht:
Seht in mir nur eine Ermutigung,
eine Ermutigung, die euch zu euch selbst zu führen vermag.
Erlaubt mir und helft mir,
euch auf euer innerstes Sein zurückzuwerfen.
Das ist es, was ein Meister bedeutet:
Ein Meister hilft dir, du selbst zu sein.

Ich habe dir kein Verhaltensmuster zu geben,
keine Werte, keine Moral.
Was ich dir geben kann, ist allein Freiheit,
auf daß du aufblühen kannst,
ein Lotus, ein Licht werden kannst.
Und ewiges Leben.

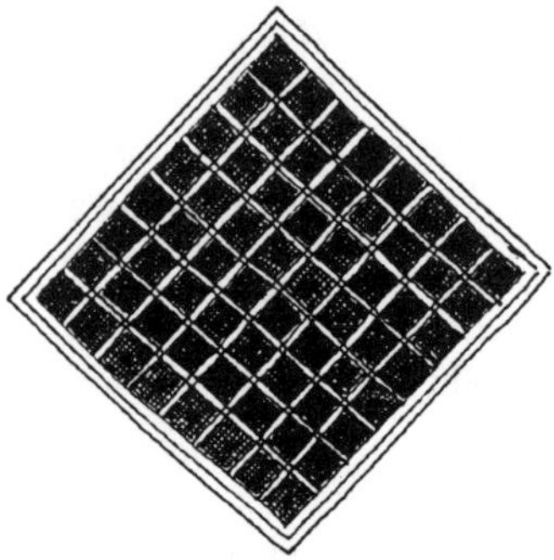

2. Der Rabbi und die Katze

Ich bin kein ernsthafter Mensch.
Ich schau zwar aus wie einer, aber der Schein trügt.
Ich bin kein ernsthafter Mensch,
ich bin absolut unernst,
und das erleuchtete Bewußtsein kann gar nichts anderes sein.

Ernst ist weltlich,
ist Teil des Marktplatzes.
Man findet ihn in den Kirchen – ja, allzu sehr –
denn eure Kirchen sind nichts anderes
als Teil des Marktes, Teil der Warenwelt.

Mir ist folgender jüdischer Witz zu Ohren gekommen:

Ein Jude kam in eine Synagoge mit einer toten Katze,
und er bat den Rabbi,
seine Katze auf dem jüdischen Friedhof beizusetzen.
Der Rabbi war entrüstet, entsetzt.
Er sagte: „Was? Du, ein gottesfürchtiger Jude,
und bittest deinen Rabbi, eine dreckige, tote Katze
auf geheiligtem Grund zu beerdigen?
Nein. Niemals. Unter keinen Umständen. Nie und nimmer."

Der Mann stand auf und sagte:
„Dann kann ich dir leider auch nicht
die zehntausend Pfund geben,
die die Katze testamentarisch hinterlassen hat."

Da plötzlich sprang der Rabbi auf und sagte:
„Warte. Lauf nicht weg. Du Narr.
Warum hast du nicht gleich gesagt,
daß die Katze ein Jude war?“

Eure Synagogen, eure Kirchen, eure Tempel –
sie gehören alle dem Marktplatz an.
Sie müssen ernst sein.

Die Welt ist zu ernst, und was Wunder,
denn über allem hängt immer der Tod.
Du magst ihn meiden, du magst nicht hinschaun,
aber die Welt ist durchsetzt von Tod.
Du mußt einfach ernst sein.

Selbst wenn ihr lacht,
stecken in eurem Lachen noch Tränen.
Selbst wenn ihr lächelt, ist euer Lächeln nicht ganz;
es ist aufgesetzt, gequält.
Es ist kein inneres Fließen und Leuchten.
Nein, das ist es nicht.

Auf dem Marktplatz
habt ihr zuviel Ernst gelernt.
So werden auch eure Kirchen ernst,
können eure Götter nicht lächeln.

Die Christen sagen, Jesus habe nie gelacht!
Wie dumm das doch klingt!

Schon die Vorstellung!

Jesus – und nie gelacht? Wer hätte dann gelacht?
Wenn nicht einmal Jesus lachen kann,
dann wird Lachen zur schieren Unmöglichkeit.
Tatsächlich kann nur er gelacht haben,
kann nur er lachen und es genießen!

In Indien nehmen wir die Welt nicht so ernst.
Wir nennen sie Gottes *leela*, Gottes *Spiel*.
Allenfalls ein Scherz, eine Geschichte,
ein Theaterstück – wunderschön erzählt,
aber ohne jeden Ernst.

Ich bin nicht ernst,
und was immer ich sage,
das sage ich in sehr unernster Stimmung.
Selbstverständlich bin ich aufrichtig, aber nicht ernst.
Alles was ich sage,
das möchte ich euch tatsächlich verständlich machen,
aber wenn es nicht ankommt, bin ich nicht enttäuscht.
Wenn es ankommt, bin ich nicht stolz.
Ob es mir völlig mißlingt oder ob es mir absolut gelingt:
beides ist dasselbe.
Deshalb sage ich, ich bin nicht ernst.

Ihr mögt ernsthaft hier sein,
aber nach und nach werde ich euch davon überzeugen,
nicht ernst zu sein.

Denn Ernst ist der Schatten des Ego.
Ohne Ego kannst du nicht ernst sein.
Ohne Ego verschwindet einfach der Ernst,
denn ohne Ego verschwindet der Tod.
Nur das Ego ist immer gestorben – nicht ihr.
Ihr seid nie gestorben, ihr wurdet nie geboren.
Ihr wart von Anfang an hier,
und ihr werdet ewig hier sein.
Ihr seid Teil dieser ganzen Schöpfung.
Ihr könnt euch nicht von ihr absondern.

Manchmal wart ihr vielleicht in den Bäumen –
du magst ein Baum gewesen sein.
Manchmal in den Vögeln,
und du magst ein Vogel gewesen sein.
Und manchmal ein Fels, und manchmal ein Bach,
der aus dem Himalaja herabstürzt.
Unzählige Möglichkeiten. Unzählige Formen.
Unzählige Namen.

Und du hast auf vielerlei Weise schon existiert.
Es ist noch nie vorgekommen, daß du nicht warst.
Es wird nie vorkommen, daß du nicht sein wirst.
Die Form wechselt.
Das Formlose geht immer weiter und weiter.

Aber da gibt es nichts,
weswegen man ernst sein müßte.
Doch das Ego ist ängstlich, schreckhaft:

Der Tod kommt näher.
Das Ego ist eine Bürde.
Das Ego kann nicht lachen.

Mein ganzes Bestreben ist,
ein tiefes Gelächter in euch zu entfachen,
daß das Lachen bleibt und ihr euch auflöst,
der Tanz bleibt, aber der Tänzer verschwindet.
Dann ist das Leben ungeheuer schön –
und nur dann ist es schön.

Macht euch also von mir nicht das gleiche Bild,
das ihr von anderen religiösen Leuten habt,
die sehr ernst sind.
Wenn sie ernst sind, können sie nicht religiös sein:
das ist *mein* Kriterium.
Wenn eure Heiligen nicht lachen können,
sind sie höchstens verklemmte Sünder.
Denn ein verklemmter Mensch kann nicht lachen,
er hat immer Angst. Mit dem Lachen
mag nämlich alles mögliche andere ans Licht kommen.
Er muß also alles unterdrücken:
die Angst, den Sex, den Geiz, den Haß, die Liebe.
Jetzt kann er nicht nur das Lachen allein rauslassen!
Und dies ist ein tiefes Geheimnis:
Entweder du bringst dich ganz zum Ausdruck,
oder gar nicht.
Du kannst dich nicht nur zum Teil
zum Ausdruck bringen.

Eure sogenannten Heiligen
müssen sich total unterdrücken.
Für mich ist nur der ein Heiliger,
in dessen Dasein es kein Unterdrücken gibt.
Wenn er lacht, lacht er. Sein ganzes Sein lacht mit –
Wellen über Wellen des Lachens.

Beherzige das, denn umso besser versteht ihr
die Bedeutung des Chassidismus.
Keine Überlieferung kennt eine solche Ahnenreihe
an lachenden Heiligen.
Dies ist eines der größten Geschenke des Chassidismus.

3. Wie sich der Fluß in den Ozean ergießt

Laßt mich euch eine Geschichte erzählen.
Sie geht so:
Ein gewisser Mann war fasziniert
von dem Fluß, der durch sein Dorf floß.
Gern wäre er flußabwärts gegangen, bis zum Ende –
bis dahin, wo sich der Fluß in den Ozean ergoß.
Natürlich, fing er an, alte Schriften zu studieren,
ob jemand schon jemals dem Fluß gefolgt war.
Viele Leute hatten das getan.
Seit Jahrhunderten schon
hatte der Fluß viele Menschen fasziniert.
Aber der Mann war überrascht,
wie unterschiedlich die Antworten waren.
Er mochte es nicht glauben.

Einer sagte, der Fluß ginge gradeaus.
Ein anderer aber sagte etwas anderes:
der Fluß machte nach fünf Meilen
eine Wendung nach rechts.
Wieder ein anderer sagte, der Fluß machte
genau nach fünf Meilen eine Wende nach links.

Angesichts solcher Verwirrung in den Schriften
begann er, unter die Leute zu gehen.
Möglicherweise war ja noch jemand am Leben,
der dem Flußlauf gefolgt war.

Viele Leute gaben dies vor – weil es schmeichelt,
Bescheid zu wissen. Ein *Guru* zu werden,
ist die geheime Sehnsucht in allen,
und es schmeichelt dem Ego.

Jedermann wird ein Weiser, wenn es gilt,
einem anderen Rat zu erteilen.
Sein ganzes Leben lang mag er
sich als Narr erwiesen haben,
aber sobald jemand in Schwierigkeit ist,
wird er ein Weiser mit vielen Ratschlägen.
Selbstverständlich hält sich niemand daran –
und es ist gut,
daß niemand die Ratschläge eines anderen annimmt.
Es gab also viele solcher Ratgeber
und Angeber in dem Ort.
Er suchte sie auf.
Das brachte ihn noch mehr durcheinander,
denn jeder hatte seine eigene Ansicht.

Er sammelte viele Unterlagen. Er fertigte eine Karte an.
Auf Papier sah alles wunderschön aus –
auf Papier tut es das immer.
So kommen all die Schriften zu ihrer Schönheit:
Gita, Koran, Talmud – auf dem Papier.

Und er schied alle Widersprüche aus.
Er machte daraus ein sinnvolles Ganzes.
Nun, dieser sinnvolle Fluß war lediglich sein Hirngespinst.

Nunmehr freute er sich über seine Karte,
und er machte sich auf, dem Fluß zu folgen.

Sofort gab es Schwierigkeiten.
Denn er hatte vorgehabt, nach fünf Meilen links abzubiegen.
Aber der Fluß wollte sich nicht an die Karte halten.
Er war verwirrt und verschreckt.
Nun war seine ganze Bemühung,
Wissen zu sammeln, unnütz gewesen.

Und der Fluß wollte nicht hören.
Kein Fluß schert sich um eure Karten.
So einfach ins Unbekannte zu gehn, war ihm nicht geheuer:
Vielleicht lauerten Gefahren auf ihn!
Aber er mußte mit dem Fluß gehen.
Was sollte er auch anderes tun,
wenn der Fluß nicht der Karte folgen kann?
Dann mußt du eben dem Fluß folgen.

Die ganze Nacht konnte er nicht schlafen.
Am nächsten Morgen erwartete er ein Dorf
am Ufer des Flusses. Es tauchte nicht auf.
Er war hungrig. Nun war er ratlos. Was tun?
Waren all jene Schriften falsch? Nein, sie waren es nicht.
Aber ein Fluß ist ein Fluß. Er ändert seinen Lauf.
Einst mag es ein Dorf gegeben haben.
Dörfer entstehen und verschwinden.
Der Fluß verändert fortwährend seinen Lauf.
Früher mochte er sich nach links gewandt haben.

Nun floß er nach rechts.
Flüsse sind nicht folgerichtig, nicht sinnvoll.
Sie sind einfach lebendig. Man weiß nie.
Er war hungrig, verwirrt. Die Karte schien völlig idiotisch.
Was tun?
Der Fluß machte Probleme.

Still mit sich allein, auf dem Fluß treibend,
begann er zu meditieren. Was tun?
Die Schriften hatten versagt,
die Ratschläge waren unbrauchbar. Was nun?
Er begann zu meditieren.
Mit einem Male überkam ihn die Erkenntnis:
„Nicht der Fluß macht mir Probleme,
sondern die Karten!
Der Fluß macht überhaupt keine Schwierigkeiten.
Er weiß nicht einmal, daß ich hier bin.
Und der Fluß kann mir nicht feindlich gesinnt sein."

Er warf die Karten in den Fluß.
Die Probleme hatten ein Ende.
Er begann mit dem Fluß zu treiben,
ohne alle Erwartungen.
Fortan war er nicht mehr enttäuscht.

Laßt euch auf dem Fluß des Lebens treiben,
und ihr werdet eure Frage finden,
und ihr werdet eure Antwort finden.

Aber das Problem ist,
daß ihr eure Antwort bereits gefunden habt.
Ihr habt Karten, Schriften, Ratschläge,
und viele Schwindler geben euch Bescheid.
Als Bescheidwisser fühlen sie sich gut.
Du bist bloß ein Opfer, ein Vorwand:
Sie möchten so gerne raten.
Was *du* brauchst, interessiert sie nicht.
Sie sehen nicht dich. Sie haben ihre fixe Idee.

Geht zu einem Christen. Er hat seine fixe Idee von Gott.
Nicht einmal Flüsse haben ihren festen Lauf.
Wie kann man da von Gott eine feste Vorstellung haben?
Er ist der Fluß der Bewußtheit.
Mag sein, irgendwann in der Vergangenheit hat jemand
den Fluß gekannt, und da war er so oder so.
Aber er ist nicht mehr am gleichen Ort.
Wie sagt der alte Heraklit:
„Man kann nicht zweimal in den gleichen Fluß steigen."
Der Fluß ist immer in Bewegung, –
fließt und treibt dahin, verändert sich.
Der Fluß hat keinen festen Lauf.

Das Leben ist frei. Leben ist Freiheit.
Gott ist absolut eine Freiheit.
Da kannst du keine feste Vorstellung,
feste Einstellung haben.
Und wenn doch, bekommst du Probleme.
Und wirst meinen, die mache dir Gott. Nein.

Wirf einfach deine Schriften in den Fluß.
Geh mit dem Fluß mit, und alles ist wunderbar.

Vergiß die Antworten,
wenn du deine Frage finden willst.
Du bist so umzingelt von Antworten,
daß es praktisch unmöglich ist,
in diesem Gemenge und Durcheinander
die richtige Frage zu finden –
und die richtige Frage ist der Schlüssel.

Ich geb dir keinerlei Antwort.
Wenn du um irgendeiner Antwort willen
zu mir gekommen bist,
bist du an den Falschen geraten.
Ich gebe dir keinerlei Karten des Bewußtseins, nein.
Ich gebe dir keinerlei Begriff von Gott.
Ich gebe dir einfach einen Durst, einen mächtigen Durst.
Ich bring deinen Durst auf Trab,
deine eigene authentische Frage zu wissen.
Danach läuft alles von selbst.

Die Antwort folgt auf die Frage.
Da gibt es keinen Zweifel. Es war immer so.
Das liegt in der Natur.

Erst suche die Frage, und die Antwort wird folgen.
Aber du willst schlau sein.
Du sagst: „Wieso sich um die Frage kümmern?

Antworten gibt es haufenweise, und wohlfeil dazu.
Und überall gibt es Ratgeber."
Warum sich also die Mühe machen, es selbst zu erkunden?
Aber wenn die Erkundung nicht von dir aus kommt,
kommt auch die Erfüllung nicht aus dir.

Antworten helfen nicht.
Was not tut, ist ein anderer Bewußtseinszustand.
Nur ein anderer Bewußtseinszustand
kann zur Antwort werden.
Indem du erkundest, beginnst du dich zu verwandeln.
Hinterfrage alles, und werde nicht Opfer billiger Antworten.
Frage immerzu weiter, geh ganz bis ans Ende,
so daß dein ganzes fragendes Suchen konzentriert wird,
sich auf einen einzigen Punkt zuspitzt.
Dann durchbohrt es wie ein Pfeil das Herz, ganz tief.
Es schmerzt, aber ohne Schmerz erreichst du nichts.
Schmerz ist Teil des Wachsens.
Du suchst Bequemlichkeit?
Dann borgst du Antworten.
Dann komm nicht zu mir, denn ich werde dich zwingen,
dich hinabwerfen, in den Abgrund deines eigenen Seins.

Anfangs wird es wie Tod aussehen,
anfangs wird es wie das Nichts erscheinen.
Aber wenn du mutig bist,
taucht bald der ewige Seinsgrund auf.
Zum ersten Mal bist du zu Hause.
Es ist genau wie der Geburtsschmerz.

Ein Kind muß durch das Geburtstrauma hindurch.
Es muß aus dem Mutterschoß herauskommen.

Im Augenblick bist du im Schoß des Verstandes.
Meditation ist nichts anderes,
als das Heraustreten aus dem Schoß des Verstandes –
aus dem Denken ins Nicht-Denken,
aus der Unbewußtheit in die Bewußtheit,
aus dem geborgten, nachahmenden Dasein
ins Authentische.

Ja, ich helfe dir, die Frage zu finden.
Aber danach gibt es keine Sorge mehr um die Antwort.
Sie kommt gleichzeitig:
Von Null auf Null!
Die Antwort ist nicht getrennt von der Frage.
Die Frage ist die Antwort.
Das Erkunden selbst ist das Erkennen.
Die Suche selbst ist das Ziel.

4. Das Geheimnis vom alten unglücklichen Mann

Ich habe von einem alten Mann gehört.
Er war einer der unglücklichsten Menschen auf der Welt.
Das ganze Dorf hatte ihn satt,
denn er nörgelte und wehklagte fortwährend,
immer in schlechter Laune, einfach sauer.
Und je älter er wurde, um so beißender wurde er,
um so vergifteter seine Worte.
Die Leute mieden ihn, denn er war so unglücklich,
es wurde ansteckend.
Mit ihm nicht unglücklich zu sein, hieß ihn beleidigen.
Er steckte die anderen mit seinem Unglück an.

Aber eines Tages, an seinem achtzigsten Geburtstag,
niemand im Dorf konnte es glauben,
ging ein Gerücht um wie ein Lauffeuer:
„Der Alte ist glücklich heute,
er klagt nicht, er lächelt sogar.
Sein ganzes Gesicht hat sich verändert!"

Das ganze Dorf lief zusammen, und alle fragten:
„Was ist das Geheimnis? Was ist mit dir geschehn?"

Der Alte sagte: „Nichts. Achtzig Jahre lang habe ich
versucht, glücklich zu sein – und wurde es einfach nicht.
Also dachte ich, es ist besser, auf's Glück zu verzichten.
Ich hab mich so abgemüht, glücklich zu sein.

Ich hab zu mir gesagt: Jetzt reicht's.
Achtzig Jahre vertan!
Jetzt pfeife ich auf das Glück!
Das macht mich froh!

So ist es. So ist es auf der ganzen Welt:
Streng dich an, und du wirst unglücklich.
Je mehr du dich anstrengst,
um so mehr Enttäuschung bringt es.

Frag die Erleuchteten.
Alle, die erkannt haben, sagen:
„Fordere Glück, und du wirst unglücklich sein."
Weil die Anstrengung nicht mehr da ist,
und die Gnade immer schon da ist.
Durch dein Bemühen drückst du es weg.
Mach das nicht!
Ihr seid eure eigenen, größten Feinde,
und ihr wißt das genau: denn wann euch je
ein Augenblick des Glücks zuteil wurde,
lag dies nicht an euch.
Ihr wißt es, aber euer Ego will es nicht zugeben.

Du weißt es: Eines Tages stimmte plötzlich
ein Vogel sein Lied an im Gehölz,
und alles in dir wurde still.
Du lauschtest,
und in diesem Augenblick gab es kein Unglück,
keine Hölle, war das Paradies wiedergefunden.

Es geschah ganz ohne dein Zutun.
Der Vogel sang – du lauschtest einfach nur.
In diesem Lauschen tatest du nichts,
war keine Anstrengung da.

Was gibt es da schon zu tun?
Der Vogel sang, das Gehölz grünte.
Für einen Augenblick warst du ganz Hingabe – weiblich,
ohne das geringste zu tun. Plötzlich war es da.
Es war immer da. Du brauchst nur innezuhalten.

Laotse sagt: „Suche, und du wirst es verfehlen.
Suche nicht, und es ist bereits da."
Der Schatz, den du suchst, ist in dir.
Alles Suchen ist unnütz.

Sieh dir einfach an, daß dies Tatsache ist:
Die Schöpfung feiert ein Fest.
Sie ist Festlichkeit. Und sie tanzt schon;
in jedem Blatt, in jedem Bach, in jedem Stein,
und in jedem Stern: es ist ein unaufhörlicher Tanz.
Und du bist eingeladen. Anderenfalls wärst du nicht hier.
Du bist angenommen. Sonst wärst du nicht hier.

Aber du sträubst dich. Du bemühst dich um etwas.
Und du versuchst das Unmögliche: glücklich zu werden.
Ein unglücklicher Mensch kann nicht glücklich werden,
aber der unglückliche Mensch versucht immerzu,
glücklich zu sein.

Laß den ganzen Unsinn.

Leute kommen zu mir und sie fragen mich,
wie sie wohl glücklich würden?
Ich sage: „Wenn du fragst, wie, wirst du es nie.
Sei es einfach! Da gibt es kein Wie."
Das Wie ist die Schwierigkeit.
Wie glücklich sein? Welch eine idiotische Frage!
Sei glücklich – warum fragen wie?
Es gibt keine Wissenschaft des Glücklichseins.
Ungeachtet dessen, was amerikanische Bücher sagen,
gibt es keine Wissenschaft des Glücklichseins.

All die Dale Carnegies sind nur oberflächlich,
aber sie verkaufen sich.
Nach der Bibel verkauft Dale Carnegie sich am besten.
Er ist ein guter Verkäufer.
Er weiß, daß jeder glücklich sein möchte.
Er weiß, daß jeder erfolgreich sein möchte.
Er weiß, daß jeder nach Liebe sucht.
Er erfüllt die Sehnsucht.
Er gibt euch das Wie. Er gibt euch Bücher wie diese:
Wie habe ich Erfolg? Wie gewinne ich Freunde?
Wie werde ich reich?

Aber ich sage euch, da gibt es kein Wie.
Das Wie ist das Problem.
Ihr kennt schon viel zu viele Techniken, glücklich zu sein.
Daher kommt ja der ganze Schlamassel! Laßt es!

Denkt an den Alten, den achtzigsten Geburtstag,
und wie er sich entschied, ohne Glück auszukommen.
Kannst man unglücklich sein,
wenn man sich entschieden hat, ohne Glück auszukommen?
Wer kann einen dann denn noch unglücklich machen?
Und wie? Plötzlich wird Unglücklichsein unmöglich.

Unglück ist eine Folge des Wunsches nach Glück.
Enttäuschung ist eine Folge des Wunsches nach Erfolg.
Ein geschlagenes, gelangweiltes,
überdrüssiges Dasein ist nichts anderes,
als eine Folge von Ehrgeiz.

Das muß man sich einfach ansehen,
nichts anderes gibt es zu tun.
Sieh einfach diese Tatsache,
und schon das Sehen befreit dich.

Jesus sagt: „Wahrheit macht frei."
Ich stimme ihm völlig zu –
Wahrheit befreit.
Erkenne einfach, daß es so ist –
daß du dir so dein Unglück selbst gemacht hast.
Wenn du noch mehr davon wünschst,
dann streng dich an, glücklicher zu werden,
und du wirst Erfolg haben.

Sieh einfach die Tatsächlichkeit daran.
Beobachte einfach, wie du unglücklich wirst.

Warst du je unglücklich, wenn du nichts erwartet hast?
Wenn du nichts erwartest, bist du einfach glücklich.
Glück ist natürlich. Unglück will verdient sein.
Unglück braucht viel Anstrengung.
Glück ist einfach da.

Ja, alles, was sich wirklich lohnt,
geschieht immer durch Gnade.
Wenn ich „Gnade“ sage,
meine ich nicht irgendein theologisches Prinzip.
Ich meine nicht, daß da ein Gott oben auf dem Dach sitzt
und euch beäugt.
Und daß die, die sich als brave Jungs erweisen,
glücklich sein dürfen,
und von Gnade überschüttet werden,
und für die bösen Jungs die Hölle bereitsteht.
Aufgrund eurer Dummheit laßt ihr sogar
euren Gott dumm aussehen.

Da sitzt niemand oben auf dem Dach.
Gnade ist einfach das Wesen der Schöpfung.
Niemand gibt sie euch, überschüttet euch damit.
Sie ist keine Auszeichnung für Heilige,
weil die sich als brave Jungs erweisen.

Niemand hält sie deshalb von euch fern,
weil ihr Sünder seid
und nicht auf die guten Ermahnungen
der Priester gehört habt,

der Kirchen, der organisierten Religionen,
und ihr euch als Rebellen aufgeführt habt.
Niemand gibt sie und niemand verwehrt sie.

Gnade ist existentiell. Sie ist einfach da.
Sie ist Teil des Lebens. Niemand gibt sie,
aber ihr könnt sie bekommen.
Niemand hält sie von euch fern,
aber ihr könnt sie fernhalten.

Es liegt an euch. Es kommt nicht darauf an,
Gott zu preisen und ihn zu bitten: „Sei uns gnädig."
Es ist einfach so, daß sie,
wenn ihr euch nicht in einen Panzer zurückzieht,
euch erreicht.
Der Panzer kann der eines Sünders sein
oder der eines Heiligen.
Dies Letztere will verstanden sein,
denn die Panzerung kann aus Gold oder aus Stahl sein.

Der springende Punkt ist: Wenn ihr gepanzert seid,
kann die Gnade nicht zu euch finden.
Ein guter Mensch hat sein Ego,
selbstverständlich sehr fromm, heilig, sakral.
Ein religiöser Mensch ist ein frommer Egoist.
Er sagt: „Ich habe so oft gefastet!
Ich habe soviel Geld gespendet für gute Zwecke:
für Krankenhäuser, für Arme, für dies und das!
Ich half so vielen Kirchen und Tempeln,

und ich habe so manchen mildtätigen Verein unterstützt,
und ich bete jeden Tag,
und ich habe nicht die geringste Sünde begangen" –
ein hochmütiges, ein tief verwurzeltes Ego.
Jetzt wird er der Gnade nicht zugänglich sein.

Der Sünder baut sich auch seine Panzerung.
Er sagt: „Ich kümmere mich nicht um irgendwen sonst.
Ich lebe meinen eigenen Stiefel.
Ich bin gegen die Gesellschaft."
Er ist rebellisch, er sündigt, um sein Ego aufzubauen,
damit er sagen kann: „Ich bin ich.
Ich scher mich um niemanden."
Damit baut er sich auch sein Ego, ein Ego aus Stahl.
Der fromme Mensch hat ein Ego aus Gold.
Doch Stahl oder Gold macht keinen Unterschied.

Wen nenne ich einen wahren Weisen?
Der wahre Weise ist jemand, der keine Panzerung hat,
der kein Schutzschild hat, der sich durch nichts schützt.

Ein wahrer Weiser ist der Schöpfung offen,
so daß sie durch ihn strömt:
offen für den Wind,
offen für die Sonne,
offen für die Sterne.

Ein wahrer Weiser ist eine tiefe Leere.
Alles durchströmt ihn, nichts wird gehindert.

Dann ist jeder Augenblick Gnade.
Und ist jeder Augenblick Ewigkeit.
Und ist jeder Augenblick Gott.
Und dann ist Gott nichts von dir Abgetrenntes:
Er ist dein innerstes Herz.

5. Der Wächter

In Ropschitz, der Stadt, wo Rabbi Naftali lebte,
mieteten sich die reichen Leute,
deren Häuser etwas abseits oder außerhalb der Stadt lagen,
Männer, die nachts ihren Besitz bewachten.

Eines späten Abends,
als Rabbi Naftali den Wald entlang schlenderte,
der die Stadt umgab,
traf er auf einen solchen Wächter,
wie er auf und ab ging.
„Für wen arbeitest du?" fragte er.
Der Mann sagte es ihm
und fragte dann gleicherweise zurück:
„Und für wen arbeitest du, Rabbi?"

Die Worte trafen den Zaddik wie ein Pfeil.
„Ich arbeite für niemanden, im Moment",
brachte er mühsam hervor.

Dann ging er längere Zeit
an der Seite des Mannes auf und ab.
„Würdest du mein Diener sein?" fragte er schließlich.

„Das würde ich gern", erwiderte der Mann,
„aber was hätte ich zu tun?"
„Mich zu erinnern", sagte Rabbi Naftali.

Einst wurde Joseph Jacov,
ein chassidischer Mystiker, gefragt:
„Was ist der Unterschied zwischen einem Rabbi
und einem Zaddik?“
Ein Rabbi ist der gewöhnliche Priester, der zur
organisierten Kirche gehört, zur Synagoge, zum Tempel.
Und ein Zaddik ist ein rebellischer Meister.
Er gehört zu keinerlei Organisation,
er gehört nur sich selbst.

Der Rabbi ist ein Lehrer, der Zaddik ist ein Meister.
Ein Lehrer lehrt,
hat aber die Transformation nicht selbst durchgemacht.
Der Zaddik ist auch ein Lehrer,
aber er lehrt durch sein ganzes Leben,
durch sein ganzes Wesen –
was wir in Indien einen *satguru* nennen.
Der erleuchtete Meister heißt im Chassidismus Zaddik.

So fragte also jemand Joseph Jacov:
„Was ist der Unterschied zwischen einem Rabbi
und einem Zaddik?“

Der Meister sagte:
„Der Zaddik erinnert sich, und der Rabbi weiß.“

Der Rabbi weiß viel,
aber er erinnert sich nicht an sich selbst.
Er verliert sich in seinem Wissen.

Er mag ein großer Gelehrter sein,
er mag sich blendend im Schrifttum auskennen.
Aber ein Zaddik erinnert sich!
Er mag viel wissen oder nicht, das ist unwichtig.
Er erinnert sich. Er erinnert sich an sich selbst.
Und dies Erinnern ist der Unterschied.

Für den Fragenden war das schwierig zu verstehen,
also sagte er: „Bitte, erklär es mir ein bißchen genauer."
Der Chasside erzählte ihm eine Geschichte. Er sagte:

Einst geschah folgendes:
Ein Prinz erregte durch sein Fehlverhalten
den Zorn seines Vaters.
Und so wie der Prinz sich benahm, so unhöfisch,
so unköniglich, konnte der Vater nicht umhin,
ihn aus dem Königreich zu verbannen.

Aber der Vater dachte, er würde bereuen,
ihn um Vergebung bitten und dann zurückkehren.
Aber der Prinz verschwand einfach.
Niemals suchte er eine Berührung zum Vater.
Er zeigte keinerlei Wunsch, zum Palast zurückzukehren.
Es schien, als hätte er nur darauf gewartet,
dem Königreich zu entrinnen,
und dem Vater und dem Palast zu entkommen.

Er zog im Land herum
und traf auf eine Gruppe von Säufern, Spielern und Huren,

die nur Übles im Schilde führten.
Er schloß sich ihnen an.
Er lief nicht einfach nur mit:
nach und nach wurde er ihr Anführer.
Selbstverständlich, er war ja ein Prinz
und zum Führer auserkoren.

Viele Jahre vergingen.
Der Vater wurde älter und älter, und er sorgte sich,
sorgte sich um das Wohlergehen seines einzigen Sohnes.
Wissend, daß der Tod näherrückte,
schickte er seinen tüchtigsten Minister aus,
damit er seinen Sohn heimbringe.

Der Minister fuhr in einer schönen Goldkarosse,
mit vielen Dienern, fast ein ganzes Regiment folgte ihm.
Ein großes, goldenes Zelt wurde vor dem Dorf aufgeschlagen.
Er schickte einen Boten zu diesem Prinzen,
aber der hatte es nicht eilig.
Der Minister blieb außerhalb des Dorfes,
denn es war unter seiner Würde, es zu betreten.
Ein armes Dorf, und dieses schwarze Loch zu betreten,
worin der Prinz lebte mit all diesem dreckigen Volk,
war ganz undenkbar für ihn.

Der Minister versuchte, an den Prinzen heranzukommen,
aber eine Verbindung war nicht möglich,
die Kluft war zu groß.
Unverrichteter Dinge kam er zurück.

Dann wurde ein anderer geschickt, ein mutigerer Mann.
Er hatte Mut, und er sah den Fehler des ersten Boten,
und warum die Begegnung nicht hatte stattfinden können.

Also machte er es nicht so wie dieser Minister.
Er ging wie ein Bauer in gewöhnlichen Kleidern,
ohne Diener.
Er ging einfach hin und mischte sich unter die Gruppe.
Er freundete sich an, aber nach und nach
begann er selbst diese Freiheit zu genießen.
Der Palast war wie ein Gefängnis.
Es gab keine Freiheit. Hier dagegen war jedermann frei,
ganz und gar frei.

Niemand machte irgendwem Vorschriften,
jeder durfte er selbst sein.
Ja, Säufer gab's, aber es waren wunderbare Burschen.
Ja, Spieler gab's, aber es waren wunderbare Burschen.
Also blieb auch sein Auftrag unerfüllt.
Er erstattete nie Bericht
und kehrte nicht wieder zum König zurück.

Der König war sehr besorgt.
Nun wuchs ihm die Sache über den Kopf.
Er fragte einen dritten Minister.
Der war nicht nur mutig, sondern auch weise.
Und das sollte der letzte Versuch sein.
Der dritte Minister bat um drei Monate Urlaub,
um sich vorzubereiten. Nur dann könne er gehen.

Der König fragte: „Was willst du da vorbereiten?“

Er sagte: „Daß ich mich meiner erinnere.“

Drei Monate Urlaub wurden gewährt.
Er ging zu einem Meister, einem Zaddik,
um bewußter zu werden.
So, wie der erste Minister sich verhalten hatte,
war völlig daneben.
So war keine Verständigung möglich.

Da war der zweite schon besser,
aber er hatte es auch verfehlt;
denn er hatte sich nicht seiner selbst zu erinnern vermocht.
Also sagte er zu dem Meister: „Hilf mir,
so daß ich mich meiner erinnere,
und daran, daß ich vom Palast komme,
um einen bestimmten Auftrag zu erfüllen.“

Drei Monate meditierte er –
eine Methode des Selbst-Innewerdens,
das, was Buddha Wachsamkeit nennt.
Dann ging er.

Er benahm sich genau wie der zweite.
Er ging auch wie ein Bauer, in gewöhnlichen Kleidern,
nicht nur wie ein Bauer: er ging als Trinker.
Aber er tat nur so, er war nicht wirklich betrunken.
Er lebte in der Gruppe und erfreute sich der Gesellschaft.

Er tat so, als ob er trinke, spiele, er gab sogar vor,
sich in eine Hure zu verlieben.
Aber das alles sah nur so aus – er schauspielerte.
Und fortwährend, als Unterströmung,
blieb er sich seiner bewußt: „Wer bin ich?
Warum bin ich hergekommen? Für was?"
Er beobachtete sich selbst, er war sich selbst ein Zeuge.
Kein Zweifel, daß er so Erfolg hatte.

Der chassidische Mystiker sagte zu seinem Besucher:
„Das war ein Zaddik."

Der erste Mann war ein Rabbi, ein Lehrer.
Du fällst in den Fluß, und er steht am Ufer,
gibt dir gute Ratschläge.
Aber er springt nicht hinein, um dich zu retten.
Er kann nicht mal sich selbst retten.
Er hat Angst vor dem Fluß.
Er kennt die Kunst des Schwimmens nicht ,
die Kunst der Selbst-Erinnerung.

Er ist nicht mutig.
Er hält sich am Ufer fest, klammert sich weitab fest,
geschützt, bedacht auf seine eigene Sicherheit.
Er spricht wunderschön.
Er kann dir alles über's Schwimmen erzählen
aber er kann nicht hineinspringen und dich retten.
Er selbst versteht nicht einmal zu schwimmen.
Er ist ein Rabbi, ein Lehrer.

Diese Art Lehrer könnt ihr auf der ganzen Welt antreffen.
Gut, was ihre Ratschläge betrifft, sonst nichts.

Ihre Ratschläge sind geborgt.
Sie sind nicht
durch ihre eigene Erfahrung dahin gekommen.
Es ist kein Kennen, sondern Wissen.
Sie sind da nicht hindurchgegangen.
Sie sind nicht umgeformt worden dadurch.
Es ist nicht auf ihrem eigenen Mist gewachsen,
es ist nicht aus ihrer Bewußtheit erwachsen.
Sie haben ihr Wesen nicht kristallisiert.
Ihre Köpfe sind voll von Wissen,
ihre Herzen sind völlig leer.

Der andere Mann war mutig,
aber sein Mut war größer als seine Weisheit.
Er ertrank selbst.
Vergeßt also nicht, wenn ihr in einen Fluß springt,
um jemanden zu retten, so ist die erste Notwendigkeit,
daß ihr schwimmen könnt.

Einmal ist mir folgendes passiert:
Ich saß an einem Flußufer.
Ich sah einen Ertrinkenden und rannte los.
Aber bevor ich den Fluß erreichte,
sprang ein anderer Mann, der am Ufer stand, hinein.
So hielt ich mich zurück.
Ich wollte gerade schon springen, da hielt ich inne.

Ein anderer war schon gesprungen.
Aber dann bemerkte ich,
daß der andere Mann auch unterging.
Er machte mir die Sache noch schwieriger.
Ich mußte springen und beide retten.

Ich fragte den zweiten: „Was war los?
Warum sind Sie gesprungen?"

Er sagte: „Ich hatte mich völlig vergessen.
Der Mann ertrank, und ich wurde so gepackt
von dem Wunsch, ihn zu retten,
daß ich völlig vergaß, daß ich nicht schwimmen kann."

Man kann sich vergessen.
In jeder überwältigenden Situation
kann man hypnotisiert werden.
Der andere war mutig, aber nicht weise genug.
Diesen zweiten Typ Lehrer kann man auch antreffen.
Laßt euch also nicht einfach von Mut beeindrucken,
denn Mut allein hilft nicht.

Der dritte Typ Lehrer ist der Zaddik.
Er weiß aus eigener Erfahrung,
was der erstere nur als geborgtes Wissen weiß.
Er ist mutig, wie der zweite, er riskiert sich,
aber er ist auch weise.
Er erinnert sich seiner.
Sich seiner selbst zu erinnern – das ist die ganze Kunst

und Wissenschaft der Religion.
Man kann alle Religion in ein Wort komprimieren:
Selbst-Erinnerung.

Bevor wir tiefer darauf eingehen,
was Selbst-Erinnerung ist,
ist es ein Muß, eine unerläßliche Voraussetzung,
daß wir die Unbewußtheit verstehen,
in der ihr lebt: den Schlaf.

Für gewöhnlich glaubt ihr, durchaus wach zu sein.
Das ist ein Mißverständnis.
Nur ein Buddha, ein Baal Schem Tov, ein Moses,
ein Mahavir sind hellwach.
Ihr schlaft tief.
Ich kann euch jetzt im Moment schnarchen hören.
Ihr liegt im Tiefschlaf.
Nur weil ihr die Augen aufkriegt – behauptet nicht,
ihr wärt wach. Das langt nicht für's Wachsein.

Zum Beispiel: Ein Mann liegt im Koma.
Er atmet, aber weil er atmet, kann man da sagen,
er sei lebendig? Er vegetiert praktisch.
Nur weil man atmet, ist man noch lange nicht lebendig,
und nur weil man die Augen öffnet,
ist man noch lange nicht wach.
Selbst ein Betrunkener läuft über die Straße
mit offenen Augen. Kann man sagen, er sei wach?
Er ist es absolut nicht.

Wachheit ist eine innere Qualität der Bewußtheit.
Mit offenen oder geschlossenen Augen
hat es nichts zu tun.

Krishna sagt in der Gita:
„Selbst wenn die ganze Welt fest schläft,
ist der Yogi noch wach."
Ya nisha sarrabhutayam tasyam yagrati samyami.
„Wenn die ganze Welt in dunklem Schlaf liegt,
wenn die ganze Welt in finsterster Nacht liegt,
ist der Yogi dennoch wach."
Was nicht heißt, der Yogi schlafe niemals, nein.
Er schläft, aber nur seine Augen sind geschlossen.
Sein Körper schläft, aber er ist hellwach.
Tief drinnen fließt ein Strom des Selbst-Erinnerns.
Er schläft fest, was den Körper betrifft,
aber das schauende Selbst bleibt wach.
Wie ein inneres Licht brennt es weiter.

Jemand, der sich seiner erinnert,
schläft selbst dann nicht, wenn er fest schläft.
Und jemand, der sich seiner nicht zu erinnern weiß,
ist selbst dann nicht wach,
wenn seine Augen weit offen sind.

Du gehst über den Markt, machst deine Arbeit,
kommst nach Hause, streitest dich, liebst, haßt, ißt, schläfst,
machst alles mögliche – aber alles dies geschieht,
als wärst du ein Roboter.

Alles ist mechanisch. Nicht du bist es, der es tut.
Du bist nicht wach, wenn du es tust.
Es geschieht halt,
und du verhälst dich wie eine Maschine.
Beobachte deine Launen.
Jemand beleidigt dich – und du wirst böse.
Ist da eine Lücke zwischen der Beleidigung
und dem Ärger?
Ist da eine Lücke, in der du darüber meditierst,
ob du wütend wirst oder nicht?
Ob es sich lohnt, sich zu ärgern oder nicht?
Oder daß der andere vielleicht recht hat,
und es keine Beleidigung ist,
sondern nur eine einfache Tatsachenfeststellung?

Gibst du dir ein wenig Zeit,
über die ganze Situation nachzudenken,
oder reagierst du einfach? Du reagierst.
Da ist keine Lücke, kein Zwischenraum.
Beleidigung – Ärger. Das läuft ab,
wie wenn jemand das Licht anknipst.
Anknipsen – ausknipsen.

Und das Licht hat keine Freiheit.
Wenn du es anknipst, kann die Glühbirne nicht sagen:
„Gerade jetzt bin ich nicht in der Laune.
Ich möchte mich etwas ausruhen.
Du kannst mich anknipsen, soviel du willst,
ich fühle mich nicht nach Leuchten."

Nein, die Lampe hat keinerlei Mitspracherecht.
Du knipst sie an – sie hat anzugehen.
Du knipst aus – sie hat auszugehen.
Ist dein Ärger auch so?
Jemand lächelt – und du lächelst.
Ist dein Lächeln nur eine Reaktion?
Oder ist es eine Erwiderung?
Eine Erwiderung ist keine Reaktion,
und eine Reaktion ist keine Erwiderung.

Was ist der Unterschied
zwischen einer Reaktion und einer Erwiderung?

Eine Reaktion ist automatisch; sie ist eingebaut.
Jemand lächelt: du lächelst.
Jemand wird böse: du wirst böse.
Der andere löst es aus. Du reagierst einfach.

Eine Erwiderung ist bewußt. Mag der andere böse werden,
aber du entscheidest, ob du böse wirst oder nicht.

Buddha kam einmal durch einen Ort.
Ein paar Leute, die gegen ihn waren,
liefen zusammen und beschimpften ihn sehr.
Er hörte still zu, sehr geduldig.
Ja, seine Geduld machte die Leute nervös.
Sie fühlten sich langsam unwohl.
Denn wenn du jemanden beleidigst,
und er hört es sich an wie Musik, stimmt etwas nicht.

Was geht vor? Sie schauten einander an.
Dann fragte jemand Buddha: „Was ist los?
Verstehst du nicht, was wir sagen?"
Buddha sagte: „Weil ich verstehe, darum bin ich so ruhig.
Wäret ihr zehn Jahre früher gekommen,
wäre ich auf euch losgegangen.
Damals gab es kein Verständnis. Jetzt verstehe ich.
Und für eure Dummheit kann ich mich nicht strafen.
Es ist an euch, zu entscheiden,
ob ihr mich beleidigt oder nicht,
aber es ist meine Freiheit, ob ich es annehme oder nicht.
Ihr könnt mir eure Beleidigungen nicht aufzwingen.
Ich verweigere sie einfach. Sie sind es nicht wert.
Ihr könnt sie wieder mit nach Hause nehmen;
ich weigere mich, sie anzunehmen."

Die Leute waren verblüfft. Sie konnten nicht verstehen,
was los war. Sie sagten: „Bitte erkläre uns das."

Er sagte: „Setzt euch und hört mir zu.
Im letzten Ort, durch den ich kam, waren die Leute
mit Girlanden und Süßigkeiten zu mir gekommen.
Aber mein Magen war voll, also sagte ich ihnen:
‚Es ist mir nicht möglich, etwas zu essen.
Bitte, nehmt eure Gaben wieder mit
und macht sie anderen in der Stadt zum Geschenk –
meine Gabe an die Leute des Dorfes.'
Was glaubt ihr, was sie taten?"

Jemand sagte: „Sie werden ins Dorf zurückgegangen sein
und die Süßigkeiten verteilt haben."

Buddha sagte: „Nun hört – was werdet ihr tun?
Ihr kommt mit Beleidigungen, und ich sage,
mein Magen ist voll,
und ich werde das alles nicht annehmen.
Nun ihr armen, unglücklichen Leute, was werdet ihr tun?
Ihr werdet hingehen und sie im Ort verteilen müssen."

Buddha erwidert – ihr reagiert.
Er lachte einfach.
Und das, was er da sagte, ist ausgesprochen schön.
Er sagte: „Für eure Dummheit
kann ich mich nicht selbst bestrafen.
Ihr dürft dumm sein, die Freiheit habt ihr.
Aber warum sollte ich mich selbst bestrafen?
Wenn ich eure Beleidigung erst einmal annehme,
bestrafe ich mich damit selbst."

Wenn du böse wirst,
strafst du dich für den Fehler des anderen.
Zu reagieren ist unbewußt.

Zu erwidern ist eine hellwache Sache.
Aber ihr könnt nicht einfach vom Reagieren
auf's Erwidern umschalten. Es ist keine Entscheidung.
Zwischen den beiden ist Selbst-Erinnern erforderlich,
ist Wachheit erforderlich.

Sonst hast du schon reagiert,
bevor du es gemerkt hast..

Jemand beleidigt dich und ehe du dich versiehst,
bist du schon böse,
ist die Wut schon in dich gefahren.
Es ist etwas so Subtiles.
Es gehört eine tiefe Wachheit,
ein Selbst-Erinnern dazu.

Buddha lehrte seine Schüler zu gehen –
aber in voller Aufmerksamkeit zu gehen:
Wisse beim Gehen, daß du gehst.
Nicht dir innerlich vorzusagen: „Ich gehe."
Wenn du das tust, bist du nicht bewußt.
Hab einfach nur die Empfindung des Wachseins.
Geh – mit Wachheit.
Iß – mit Wachheit.
Atme – mit Wachheit.

Der Atem kommt rein: Laß dieses Einströmen
sich in deinem Wesen widerspiegeln.
Der Atem geht raus. Laß dieses Ausströmen
sich in deinem Wesen widerspiegeln.
Und du wirst spüren, wie eine unermeßliche Stille
sich über dich legt.
Wenn du dieses Aus- und Einströmen sehen kannst,
dieses Ein und Aus des Atems,
so ist dies das wirkungsvollste *mantra*, das je erfunden wurde.

Es ist unnötig zu wiederholen: *aum, aum* oder *ram, ram.*
Denn ein großes, natürliches *mantra* ist fortwährend da:
Einatmen, Ausatmen.
Nicht nötig, ein künstliches *mantra* zu erfinden.
Beobachtet nur den Atem.
Und über's Beobachten
kommt es zu einer großen Veränderung.
Die Veränderung ist:
Wenn du gehst und es beobachtest, wirst du erfahren,
daß das Gehen da ist, aber der Gehende ist verschwunden.
Du ißt: das Essen ist da, aber der Essende ist verschwunden.
Das Ego ist nichts als verdichtete Unbewußtheit.
Wenn du nach und nach bewußt wirst,
verschwindet diese verdichtete Unbewußtheit,
die wir „Ego“ nennen.

Wie wenn du ein Licht in ein Zimmer bringst,
und die Dunkelheit verschwindet.
Bewußtheit ist das Licht.
Jenes Licht, von dem wir am ersten Tag sprachen:
„Sei dir selbst ein Licht.“

In dem Licht eines anderen
kannst du dich ein paar Augenblicke lang glücklich,
lebendig fühlen,
aber dann müßt ihr euch trennen,
denn keines anderen Pfad kann der deine sein.

Entzünde deine eigene Flamme.

Erleuchte dein eigenes Wesen.
In diesem Licht ist das erste, was verschwindet, das Ego –
weil das Ego nichts weiter ist – beherzigt es –
als Schichten über Schichten von Unbewußtheit.

Beobachtet ...
Beim Gehen, beim Essen, beim Zubettgehen,
im Liegen, im Einschlafen.
Haltet euch an das Beobachten.
Einfach beobachten, und alle Rastlosigkeit verschwindet,
und ihr fühlt, wie eine Ruhe sich um euch legt,
eine Stille, ein Schweigen.

Die Qualität dieser Stille ist sehr, sehr anders
als die gewöhnliche Ruhe.
Manchmal spürt man Ruhe.
Zum Beispiel heute morgen: Die Bäume sind still,
kein Wind weht, die Vögel verstummen, sie ruhen – Ruhe.
Aber das ist Ruhe, das ist keine Stille.
Stille ist etwas Inwendiges.
Ruhe ist etwas Äußeres.
Ruhe hängt von äußeren Bedingungen ab.
Stille ist unbedingt.
Mißversteht also Ruhe nicht als Stille.
Denn wenn ihr Ruhe für Stille haltet –
und Millionen haben das getan ...
Die Leute ziehen in den Himalaja, um Stille zu finden.
Ruhe können sie finden, aber nicht Stille.
Der Himalaja ist vollkommen ruhig.

Aber sowie du in die Welt zurückkehrst,
siehst du, daß diese Art Ruhe wieder verschwunden ist.

Stille ist etwas, worauf du dich verlassen kannst.
Sie ist in dir. Ruhe ist etwas,
das von Bedingungen abhängt,
das nichts mit dir zu tun hat.
Du kannst niemals ein Meister der Ruhe sein,
aber das ist auch nicht nötig.
Wenn du weißt, was Stille ist,
füllt deine Stille jeglichen Raum,
wohin du auch gehst.
Jetzt kennst du ihr inneres Geheimnis.

Ruhe ist möglich durch Technik,
Stille niemals.
Ruhe ist möglich in einem schalldichten Raum.
Da kannst du ruhiger sein, als im Himalaja,
aber diese Ruhe wird nichts bringen.

Du wirst sie bald überhaben.
Du wirst abhauen wollen.
Du wirst ganz unruhig davon.

John Cage berichtet in seinem Buch „Stille",
daß sie in der Harvard Universität
einen völlig schalldichten Raum
für wissenschaftliche Untersuchungen haben.

Cage trat ein,
in den perfektesten schalldichten Raum der Welt.
Es war vollkommen geräuschlos,
aber bald bemerkte er zwei Geräusche.
Er machte sich Sorgen, denn er hatte gehört, dieser Raum sei absolut schalldicht.
Also fragte er den Techniker: „Was ist los?"

Der Techniker lachte.
Er sagte: „Diese Geräusche sind in Ihrem Inneren.
Das erste ist Ihre Hirnfunktion, das Nervensystem.
Und das zweite ist nichts als Ihr Blut,
das durch den Körper strömt, – Ihr Blutkreislauf."

Cage sagte: „Aber ich habe diese Geräusche noch nie gehört."

Der Techniker sagte: „Das lag daran,
daß es soviele Geräusche außerhalb gab.
Jetzt herrscht absolute Ruhe. Nicht das winzigste Geräusch.
Darum können Sie hören,
wie Ihr „Mechanismus" funktioniert.
Wie das Hirn ständig arbeitet,
wie Millionen von Nerven ständig arbeiten.
Und ständig geht Ihr Blutkreislauf, wie ein ständiger Strom.

Cage sagte: „Ruhe tut's nicht. Ich brauche Stille."

Selbst noch im geräuschlosesten Raum
ist euer innerer Aufruhr gegenwärtig.

Ihr werdet eure eigenen Gedanken hören,
ihr werdet eure eigenen Körperfunktionen hören,
ihr werdet euren eigenen Herzschlag hören.

Stille ist etwas Jenseitiges, Bedingungsloses.
Sie tritt nur ein, wenn ihr euch erinnert.
Wenn ihr euch auch selbst erinnert,
wenn ihr tausend Dinge tut, gewöhnliche Dinge,
wenn ihr im Garten ein Loch grabt,
die Bäume bewässert, mit jemandem sprecht,
jemandem zuhört ...

Bleibt einfach immerzu wachsam.
Was auch geschieht, sollte durch euch gespiegelt werden.

Aber merkt euch eines: Ihr dürft es nicht in Worte fassen,
denn dadurch würde euch die Schönheit entgehen.
Du könntest sagen: „Ich gehe. Jetzt bewegt sich
mein linker Fuß, jetzt mein rechter. Der Atem strömt ein,
der Atem strömt aus."
Wenn ihr es innerlich in Worte faßt,
füllt ihr euch wieder mit eurem eigenen Lärm.

Beobachtet einfach nur den einströmenden Atem,
aber denkt nicht darüber nach. Seht ihn einfach, fühlt ihn,
bewegt euch mit ihm nach innen.
Dann hält der Atem für eine Sekunde an.
Verharrt diese Sekunde lang in dieser Stille:
nichts bewegt sich, keine Bewegung.

In dieser Reglosigkeit seid ihr Gott näher denn je.
Dann strömt der Atem aus. Geht mit.
Dann, draußen, hält der Atem für eine winzige Sekunde an.
Nehmt es wahr.
In diesem Anhalten seid ihr wiederum Gott am nächsten.

Macht einen Rhythmus daraus.
Dann braucht ihr keine andere Meditation.
Allein dieses Selbsterinnern
wird euch zu eurem eigenen Schatz bringen.

Für gewöhnlich leben wir im Schlaf.
Wir sind alle Schlafwandler.
Wir gehen, wir handeln im Schlaf.
Erwischt euch manchmal dabei, dann werdet ihr wissen,
wovon ich rede.

Du gehst die Straße entlang,
und tausendundein Gedanke geht dir durch den Kopf.
Du gehst wie ein Roboter, dir nicht bewußt,
wohin du gehst, was du tust, warum du gehst,
was sich in deinem Körper abspielt,
an welchen Bäumen du vorbeigekommen bist,
nicht bewußt, daß ein Wind geht.
Nein, du fühlst überhaupt nichts.
Eine Blume strömt ihren Duft aus: Dich hat er nicht erreicht.
Die Welt ist schön. Du bemerkst es nicht.
Du bist tief in Gedanken verloren,
und doch bewegst du dich fort.

Gib dir selbst einen Ruck.
Werd dir einen Augenblick lang bewußt.
Wirf einen Blick auf die ganze Situation,
und plötzlich wirst du den Unterschied sehen,
zwischen dem gewöhnlichen Schlafleben
und dem Leben eines Buddha.
Für einen winzigen Augenblick wirst du zum Buddha.
Wenn du wach bist,
wirst du für einen Augenblick zum Buddha,
nimmst du die ganze Qualität eines Buddha an.
Und diese Geschmacksprobe hinterläßt eine tiefe Sehnsucht,
dies als deinen ewigen Seinszustand zu erreichen.

Mach dich selbst immer wacher und wacher,
und benutze dazu alle möglichen Gelegenheiten.
Du brauchst die Welt nicht zu verlassen,
du brauchst den Marktplatz nicht zu verlassen.

Wo du auch bist,
nutze alle Gelegenheiten, dich wachzurütteln.
Und jede Gelegenheit kann genutzt werden.

Deshalb sind die Chassidim nicht gegen die Welt.
Sie schwärmen nicht von Weltabkehr.
Sie verlassen die Welt nicht.
Sie leben in ihr auf gewöhnliche Weise.
Sie nutzen alle möglichen Gelegenheiten,
um sich selbst mehr und mehr wachzurütteln,
bewußter zu machen.

Nehmt alle Gelegenheiten wahr,
denn alle Gelegenheiten können genutzt werden.

Nun hört diese wunderschöne Geschichte:

In Ropschitz, der Stadt, wo Rabbi Naftali lebte,
mieteten sich die reichen Leute,
deren Häuser etwas abseits oder außerhalb der Stadt lagen, Männer,
die nachts ihren Besitz bewachten.

Eines späten Abends,
als Rabbi Naftali durch den Wald bummelte,
der die Stadt umgab, trat er auf einen solchen Wächter,
der auf und ab ging. „Für wen arbeitest du?" fragte er.

Eine einfache Frage.
Aber eine einfache Frage kann eine sehr tiefe werden.
Eine einfache Situation kann dazu dienen,
dich wachzurütteln.

Das Weltliche ist auch das Heilige.
Es ist das Gewöhnliche und auch das Ungewöhnliche.
Im Stofflichen ist das Unstoffliche verborgen.
Es kommt nur darauf an, das Geheimnis zu kennen
und es zu nutzen.

„Für wen arbeitest du?" fragte er.
Eine einfache Frage. Eine höfliche Frage.
Aber sie wurde zur Einsicht.

Jeder Augenblick kann zum Tor werden.

Der Mann sagte es ihm und fragte dann seinerseits zurück:
„Und für wen arbeitest du, Rabbi?"
Weil der Rabbi die gleiche Strecke ging,
dachte der Wächter, daß er vielleicht auch
als jemandes Wächter arbeite.
Und für wen arbeitest du, Rabbi?

Wieder eine gewöhnliche Frage. Aber, manchmal,
wenn du in der richtigen Stimmung bist,
kann etwas sehr Gewöhnliches
zu einer göttlichen Botschaft werden.

Diese Worte trafen den Zaddik wie ein Pfeil.
Ich arbeite für niemanden,
bis jetzt, brachte er mühsam hervor.

Auf seine Art war er ein sehr wacher Mann.
Er hätte ja auch sagen können: „Ich arbeite für Gott."
Ein Rabbi, ein gewöhnlicher Lehrer, hätte das gesagt
und würde sich nichts dabei gedacht haben.
Dieser Rabbi dagegen war ein aufrichtiger Mann,
ein wahrhaftiger Mann.

Die Frage wurde sehr bedeutsam:
Und für wen arbeitest du, Rabbi?
Ich arbeite für niemanden,
bis jetzt, brachte er mühsam hervor.

Wer wagt zu sagen, daß er für Gott arbeitet?

Er arbeitet jedenfalls nicht für einen anderen Reichen.
Er ist ein Mann Gottes, ein Priester, ein Rabbi,
aber kein gewöhnlicher. Er ist wach.

Ich arbeite für niemanden, bis jetzt.

Sehr schwer zu sagen –
und noch schwerer zu sagen für einen Rabbi.
Denn gewöhnlich denkt sich ein Priester im Tempel
nichts dabei zu sagen, daß er für Gott arbeite.
Normalerweise sind Priester da nicht zimperlich.

Denkt daran: Nur ein sehr wahrhaftiger Mensch zögert.
Narren, Dumme, Heuchler – die sind sich alle sehr sicher,
die zögern nie. Sehr selbstgewiß treten sie auf,
sind sich immer ganz sicher.

Nur ein sehr, sehr intelligentes Wesen –
und mit „Intelligenz" meine ich nicht Intellekt,
mit „Intelligenz" meine ich Einsicht,
meine ich keinen geschulten Intellektuellen.
Mit „Intelligenz" meine ich
die Strahlkraft des Verstehens.
Ein intelligentes Wesen zögert immer –
weil das Leben ein so ungeheures Geheimnis ist.
Wie kannst du dir da irgendwie sicher sein?

Laotse sagt: „Während andere sich ganz sicher sind,
bin ich als einziger verwirrt."
Laotse, ein absolut Erleuchteter, sagt:
„Während andere bei Verstand sind, wirke ich verrückt."
Er sagt: „Ich gehe voran, aber sehr zögerlich,
wie jemand, der durch einen winterlichen Bach watet.
Ich gehe voran, aber nicht forsch, sondern wie jemand,
der von Feinden umringt ist. Aber andere –
die machen sich keine Sorgen. Die wirken absolut sicher."

Die Eigenschaft des Zögerns ist ein Zeichen
für einen sehr empfindsamen Geist.
Er kann nichts behaupten.
Nicht einmal in einem alltäglichen Gespräch,
im Umgangston, nichts,
was nicht wirklich wahr ist.
Wie kann ein Mann,
der Gott noch nicht kennengelernt hat, sagen:
„Ich arbeite für Gott." Das wäre ein Sakrileg.

Ich arbeite für niemanden, bis jetzt.

Was Naftali damit sagt, ist dies:
In dieser Welt arbeite ich für niemanden mehr.
Die Ziele dieser Welt sind weg,
und die der anderen sind noch nicht klar.
Ich befinde mich in einem Übergang.
Hier scheint nichts sinnvoll,
und dort sind meine Augen noch geschlossen.

Will sagen: Mit dieser Welt hab ich abgeschlossen.
Und die andere Welt? Sie ist noch weit entfernt.
Ich bin auf dem Weg.
Die alte hab ich verlassen und die neue noch nicht betreten.
Ich bin genau auf der Mitte der Brücke.
Das alte Ufer ist für immer verschwunden,
und das neue Ufer ist noch im Nebel verborgen.
Ich arbeite für niemanden, bis jetzt.

In jedem meditativen Leben
kommt irgendwann der Augenblick,
wo die Welt schon sinnlos ist
und Gott noch nicht sinnvoll geworden ist.
Das ist der heikelste, der gefährlichste Punkt beim Übergang,
denn der Verstand strebt gern zurück:
Etwas war wenigstens einmal sinnvoll,
und man war beschäftigt.

Nun ist die alte Beschäftigung weg,
und eine neue scheint auf sich warten zu lassen.
Man hängt im luftleeren Raum; man hängt in der Mitte.
Das ist der Punkt, wo man Geduld braucht,
eine unendliche Geduld.

Und das ist der Punkt,
wo ein Meister hilfreich sein kann, dich zu ermutigen,
nicht wieder zurückzufallen, weil dein Verstand dazu neigt.
Tausendundeine Versuchung
zur Umkehr wird auftauchen.

Denn was für einen Unsinn machst du da?
Das alte Leben hast du verlassen,
aber darin gab's wenigstens ein bißchen Sinn.
Und wenn keinen Sinn, dann gab's wenigstens etwas zu tun,
irgendein Geschäft zu erledigen.
Wenigstens fühltest du dich nicht leer.
Mag sein, das war alles ohne Ewigkeitswert,
weil das alles nur Zeitvertreib, kurzlebig, momentan war,
aber es erfüllte wenigstens einen Zweck:
Man füllte seine Zeit mit etwas aus.
Das ist nun auch vorbei.
Und das Ewige scheint sich nirgendwo zu zeigen.

Diese Lücke ist absolut unumgänglich.
Solange der Verstand
noch keinen Zustand erreicht hat,
wo er nicht mehr an die Vergangenheit denkt,
nicht mehr in die Vergangenheit zurückfällt,
kann das Neue nicht geschehen.

Die Verführbarkeit durch das Vergangene
zeigt eine tiefe Hörigkeit ans Vergangene.
Erst wenn diese Verführung entfällt,
und du in diesem Leerraum ausharrst,
ohne Hast und Unrast, erlaubst du der Leere,
sich in dir niederzulassen.
Plötzlich tritt das Ewige ein,
bist du sein Tempel geworden.

Viele sind hier, die lange meditiert haben,
die diesen Zustand erreicht haben.
Dann wird der Verstand sagen:
„Geh wieder zurück nach Haus."
Entkomme diesem Mann. Du hast nichts gewonnen.
Im Gegenteil, du hast viel verloren:
Deine alte Identität istweg,
dein alter Name ist weg,
dein altes Image nirgendwo zu finden.

Und das Neue?
Das Neue ist noch nicht eingetreten.
Wird es das je tun?
Der Verstand hat Angst, fürchtet sich.
Passiert es nun oder nicht?
Oder bist du in eine Sackgasse geraten?

Es passiert erst,
wenn du dich in dem Vakuum eingerichtet hast.

Das Ganze kommt erst,
wenn du dich im L e e r e n niedergelassen hast.
Damit das Ganze erscheinen kann,
ist absolute Leere erforderlich. Selbst das kleinste Festhalten,
ein leichtes Sehnen nach der Vergangenheit,
ist ein Hindernis.

Ich arbeite für niemanden,
bis jetzt, brachte er mühsam hervor.

Ein wahrhaft aufrichtiger Mann.

Dann ging er längere Zeit
an der Seite des Mannes auf und ab.

Weshalb tat er das? Er muß darüber nachgebrütet haben:
„Was war das eben?"

Dieser Mann, ein gewöhnlicher Wachmann –
der kann wenigstens sagen, daß er für jemanden arbeitet.

Naftali sagt sich: „Ich bin ein religiöser Mensch, ein Priester,
ein Rabbi, und ich kann nicht einmal soviel sagen.
Dieser Wachmann ist wenigstens beschäftigt,
hat etwas zu tun, tut etwas Wichtiges.

Vielleicht ist es nicht wichtig.
Aber wenigstens glaubt er, etwas Wichtiges zu tun.
Und ich, ein religiöser Mensch,
kann gerade nur hervorbringen,
daß ich nicht für jemanden arbeite,
jedenfalls bis jetzt nicht."

Er ging an der Seite des Mannes auf und ab,
brütend, erwägend, meditierend für eine längere Zeit.
„Willst du mein Diener sein?" fragte er schließlich.
„Ich würde das gern", erwiderte der Mann,
„aber, was hab ich zu tun?"

„Mich zu erinnern", sagte Rabbi Naftali.
Mich zu erinnern – daß die Welt hinter mir liegt,
aber daß ich noch nicht bei Gott angelangt bin.
Mich zu erinnern – daß das Materielle sich aufgelöst hat,
und das Immaterielle noch ungreifbar ist.
Mich zu erinnern – daß alles Gewußte sinnlos geworden ist,
und das Ungewußte noch weit weg ist.
Mich zu erinnern – daß ich das nicht vergessen darf.
Mich aufzurütteln, wieder und wieder.
Diese Saite in mir anzureißen, so daß ich nicht einschlafe.

Eine wunderschöne, sehr bedeutsame Geschichte.
Sie kann Teil eures inneren Schatzes werden.
Laßt sie es werden, denn es gibt so viele Gelegenheiten,
in denen man erinnert werden muß.
Man verfällt wieder und wieder in Schlaf.
Das ist natürlich;
denn Schlafen ist der Weg des geringsten Widerstands.

Es ist bequem, in Schlaf zu verfallen,
und es ist unbequem aufzuwachen.
Und ihr mögt so manches in euren Schlaf investiert haben.
In tiefem Schlaf habt ihr manchmal wunderschöne Träume.
Und wenn ihr erwacht, lösen sich alle Träume auf,
und ihr müßt euch der nackten Wirklichkeit stellen.

Ihr habt den Hang weiterzuschlafen,
euch nicht der Wirklichkeit zu stellen.
Und ihr könnt wunderschöne Träume fabrizieren.

Das ist alles, was wir so auf der Welt treiben:
ein schönes Haus bauen,
ein Traum in Marmor.
Aber doch nur ein Traum.
Früher oder später mußt du es verlassen.
Kein Haus kann hier ein Zuhause sein.
Alle Häuser müßt ihr hinter euch lassen.
Es ist höchstens eine Bleibe für die Nacht.
Am Morgen müßt ihr weiterziehen.
Klammert euch also nicht zu sehr an.

Die Welt kann höchstens ein *saraya*, ein *dharamsala,*
ein Rastplatz für die Nacht sein.
Am Morgen müssen wir gehen.

Haltet sie nicht fest, klammert euch nicht an sie.
Denkt nicht, der Traum sei wirklich.
Laßt euch erinnern, wieder und wieder,
daß dies ein Traum ist.

Es gibt tausend Verführungen,
ihn für die Wirklichkeit zu halten.

Denn wenn ein Traum schön ist,
wer will dann glauben, daß es ein Traum ist?
Ja, wenn ein Traum zum Alptraum wird,
denkt man sich bald, daß es ein Traum sein muß.
Deshalb lösen Angst und Schmerz
manchmal eine religiöse Erfahrung aus.

Deine Frau ist gestorben, und du hast sie geliebt,
du hast sie über alles geliebt.
Nun bleibst du allein zurück.
Jetzt ist nicht nur deine Geliebte gestorben,
tief in dir starb etwas mit ihr,
denn du warst so sehr mit ihr verwoben.

Ihr seid ineinandergewachsen,
seid Teil des anderen geworden, Teil voneinander.
Nun ist sie tot.
Damit ist nicht nur jemand außerhalb von dir tot.
Auch ein Stück deines Herzens ist damit tot.
Du wirst viele Herzschläge aussetzen,
du wirst niemals mehr so lebendig sein.
Und in so einer Situation
kann der Schock zu einem Aufwachen führen.

So ist Unglück nicht immer Unglück.
Manchmal erweist es sich als Segen, ein großer Segen.
Und der Segen, den ihr für einen Segen haltet,
mag nichts anderes sein als Betäubung,
mag nichts anderes sein als Droge.
Schöne Träume sind Drogen.
Sie fördern euren Schlaf.
Ihr mögt sie „Beruhigungsmittel" nennen.

Unglück ist nicht immer Unglück.
Dukkha, Angst und Qual,
kann ein Tor zur Ekstase werden.

Gestattet mir, daß ich es sage: „Gesegnet sind jene,
die unglücklich genug sind, Schmerz zu kennen.
Gesegnet sind jene, die Schmerz verspüren,
denn sie können erwachen."

Nutzt euren Schmerz als eine Kraft, euch aufzuwecken.
Denn euer Wohlergehen verführt euch zum Schlaf.
Wenn es euch ungemütlich wird,
wächst die Möglichkeit aufzuwachen.

Hört nicht auf, euch daran zu erinnern,
daß die Welt, in der ihr seid, etwas Vergängliches ist.
Sie ist nur ein Tautropfen auf einem Grashalm.
Jeden Augenblick kann ein Windhauch kommen,
und der Tropfen fällt und ist für immer weg.

Die Welt ist ein Tautropfen auf einem Grashalm.
So hat es Mahavir gesagt:
„Ein Tautropfen auf einem Grashalm."
Jederzeit … er fällt bereits, du stirbst bereits.
Nicht, daß du irgendwann in der Zukunft,
eines Tages sterben wirst.
Betrüg dich nicht selbst.
Du stirbst schon seit dem Tag deiner Geburt.
Schon dein erster Atemzug war vom Tod umfangen.
Seither stirbst du ununterbrochen.
Siebzig Jahre, achtzig Jahre, hundert Jahre mag es dauern,
bis du endgültig stirbst,
aber jeden Augenblick stirbst du.

Der Tautropfen entschlüpft.
Jeden Moment kann er weg sein.

Erst vor einigen Tagen sprach ich über Sahajo, eine Heilige.
Sie sagt: *„Jagat taraiya bhor ki –*
die Welt ist wie der letzte Stern am Morgen."
Schaut ihn euch an. Gerade war er noch da, und jetzt,
einen Augenblick später, ist er weg.
Der letzte Stern in der Morgendämmerung:
wie er schwindet, schwindet, immer mehr schwindet.

Erinnert euch: Die Welt ist ein Traum.
Was ist die Definition eines Traums?
Ein Traum ist das, was ist, was aber nicht immer sein wird.
Zuvor war der Traum nicht so,
und nachher wird er nicht mehr da sein.
Zwischen zwei Nichtsen
ein Bruchstück von einem Augenblick,
und es scheint wirklich zu sein.
„Ein Etwas zwischen zwei Nichtsen" –
das ist die Definition eines Traums.

Und was ist die Definition des Wirklichen?
Sein, Sein, Sein.
Vergangenes, Gegenwärtiges, Zukünftiges: Sein.
Traum: Nicht-Sein in der Vergangenheit,
Nicht-Sein in der Zukunft.
Ein Sein nur im Augenblick.

Wie kann etwas existieren zwischen zwei Nicht-Existenzen?
Unmöglich. Du machst dir was vor.
Du mußt gesponnen haben; es ist ein Hirngespinst,
eine Wunsch-Erfüllung. Es ist nicht da.
Der Bildschirm ist leer. Die Geschichte ist in dir.
Der Projektor ist verborgen in deinem Verstand,
und du projizierst fortwährend.
Du lebst in einem Traum, und ein Traum braucht Schlaf.
Deshalb sage ich: „Ihr schlaft fest.
Ich kann euch schnarchen hören."
Wenn ich vom Schlaf rede, meine ich den metaphysischen,
nicht euren gewöhnlichen Schlaf in der Nacht.
Das ist der Schlaf mit geschlossenen Augen.
Und am Tag schlaft ihr mit offenen Augen.
Mal mit offenen, mal mit geschlossenen Augen –
das ist der einzige Unterschied zwischen eurem Tag
und eurer Nacht.

Ist euch je aufgefallen, daß ihr in der Nacht
euer Tag-Leben völlig vergeßt?
Dagegen könnt ihr euch noch
an etwas aus eurem nächtlichen Traum erinnern.
Aber nachts erinnert ihr euch an nichts
aus eurem Tagesleben – nicht das geringste.

Was bedeutet das?
Das bedeutet: selbst Träume sind ein wenig wahrer –
ihr könnt euch erinnern!
Wenn ihr morgens aufwacht,

könnt ihr euch noch ein paar Sekunden lang daran erinnern,
was ihr nachts geträumt habt.
Dessen Wirklichkeit dringt tiefer ein.

Aber nachts, wenn ihr einschlaft,
erinnert ihr euch nicht im geringsten an euer Tages-Leben:
Wer du bist – der Präsident eines Landes, ein Kanzler,
ein Bettler oder ein Niemand.
Du erinnerst überhaupt nichts.
Selbst deinen Namen hast du vergessen.
Bist du ein Ehemann oder nicht?
Ein Vater oder nicht? Alles ist vergessen.
Reich oder arm, alles vergessen.

Tschuang Tse erzählte einmal einen Traum –
daß er ein Schmetterling geworden war.
Am Morgen dann war er ziemlich verstört,
denn es stieg in ihm eine Ahnung auf, daß,
wenn Tschuang Tse nachts, im Traum,
ein Schmetterling werden könne,
es umgekehrt möglich sei für den Schmetterling zu träumen,
er sei nun Tschuang Tse geworden!
Wenn Tschuang Tse im Traum
ein Schmetterling werden kann,
wieso sollte ein Schmetterling in seinem Traum
nicht ein Tschuang Tse werden können?

Alle Träume, ob nun Tschuang Tse träumt,
ein Schmetterling geworden zu sein,

oder ob ein Schmetterling träumt,
Tschuang Tse geworden zu sein – sind Träume.

Alles Werden ist Träumen.
Werden als solches ist Träumen.

Wenn du erwachst, kommst du zum Sein.
Das Werden verschwindet. Dann wirst du nicht zu etwas.
Weder wird Tschuang Tse zum Schmetterling,
noch wird der Schmetterling zu Tschuang Tse.
Wenn du zum Sein kommst,
erkennst du plötzlich,
daß es weder den Schmetterling noch Tschuang Tse gibt.
Nur ein Gott existiert, und er ist weder noch. Er ist jenseits.

Dann ging er längere Zeit
an der Seite des Mannes auf und ab.
„Würdest du mein Diener sein?" fragte er schließlich.

„Das würde ich gern", erwiderte der Mann,
„aber was hab ich zu tun?"

„Mich zu erinnern", sagte Rabbi Naftali.

Ihr werdet nicht leicht jemanden finden können,
der euch ständig erinnert.
Aber die Geschichte ist symbolisch. Sie ist eine Parabel:
Du kannst deinen Verstand zu dem Diener machen,
der dich erinnert.

Der Verstand kann zum Wächter werden!
Erst neulich wurde mir eine Frage gestellt:
Kann der Verstand
für das spirituelle Erwachen genutzt werden?
Ja. Ihr müßt ihn nutzen.
Er kann und muß genutzt werden.
Macht den Verstand zu einem Diener, der euch erinnert.

Für gewöhnlich ist der Verstand zum Meister geworden
und ihr zum Diener.
Wenn der Verstand zum Meister geworden ist
und du zum Diener, ist das der Schlafzustand.

Wenn der Verstand allmählich zum Diener wird,
und du zum Meister,
dann bist du dabei aufzuwachen.
Dann erinnert dich der Verstand.

Was ist Meditation?

Meditation ist ein Bemühen darum,
den Verstand zu nutzen, um dich zu erinnern.
Meditation ist also auch eine Verstandes-Funktion,
aber die Beziehung ist eine ganz und gar andere.
Du bist der Meister. Der Verstand wird zum Diener.
Benutze den Verstand als Diener, und der Verstand ist schön.
Laß den Verstand zum Meister werden,
und alles wird häßlich.

Der weltliche Mensch lebt in einem häßlichen Zustand.
Der Verstand ist der Meister und er selbst ist der Diener.

Der *sannyasin*, der Mensch jener andern Welt,
kehrt die Situation einfach um.
Alles ist gleich, nur die Rangfolge ist verändert.
Nun ist der Verstand der Diener,
und er selbst wird zum Meister.
Dann gebraucht er den Verstand, um sich selbst zu erinnern.
Und ein Augenblick kommt, da es unnötig wird,
erinnert zu werden.
Dann ist Wachheit ein natürliches,
fließendes Phänomen geworden.
Dann kannst du dem Verstand kündigen,
der Verstand kann in Pension geschickt werden.

Drei Zustände also: der Verstand als Meister –
neunundneunzig Prozent der Leute
befinden sich in diesem Zustand.
Dann: der Verstand als Diener – ganz selten!
Nur wenige Menschen, die Suchenden,
sind auf diesem Pfad.

Und dann: der Verstand nunmehr ohne Funktion, entlassen.
Nun ist Wachsein etwas Natürliches geworden –
das ist der Zustand eines Buddha.
Nutzt euren Verstand als Diener,
und erinnert euch unaufhörlich,
daß er eines Tages zu entlassen ist.

Wenn der Verstand völlig entlassen wird,
verschwindet die Welt.
Dann gibt es kein Zurück zur Welt mehr.
Die Hindus sagen dazu:
Der Stillstand des Rades von Geburt und Tod.
Wenn jemand vollends erwacht ist,
hat diese Wachheit weder Geburt noch Tod.
Es ist Ewigkeit.

Nutzt den Verstand.
Tretet auf den Verstand, benutzt ihn als Sprungbrett.
Nur die Befehlsgewalt muß verändert werden.
Ich will euch eine Geschichte erzählen.
Einst geschah es, daß ein Suchender einem Sufi begegnete,
der sagte: „Dort in den Höhlen ist ein Brunnen verborgen.
Geh hin und stell eine Frage.
Wenn du aufrichtig fragst, wird der Brunnen antworten.
Es ist ein Wunder, von dem nur große Adepten wissen."

Der Mann suchte.
Es war schwierig hinzukommen,
aber irgendwie fand er den Brunnen.
Er beugte sich nieder zu ihm und fragte:
„Was ist das Leben?"
Keine Antwort kam.

Der Brunnen warf nur ein Echo zurück.
Er wiederholte seine Frage, und der Brunnen echote:
„Was ist das Leben?"

Aber der Mann war wirklich aufrichtig, und so blieb er dabei.
Drei Tage lang soll er, Tag und Nacht,
wieder und wieder gefragt haben: „Was ist das Leben?"
Und der Brunnen warf nur seine eigene Stimme zurück.
Aber er wurde nicht müde; er machte weiter.

Wenn du so an deinem Verstand arbeitest,
tagelang, jahrelang wird er dir nicht den Schlüssel geben,
wird er einfach nur dein Echo sein.

Aber ein aufrichtiger Sucher läßt nicht locker.
Er wird nicht müde.

Nach drei Tagen, so die Geschichte, merkte der Brunnen,
daß es diesem Mann ernst war,
und daß er nicht wieder weggehen würde.
So sagte der Brunnen:
„Gut, ich werde dir sagen, was das Leben ist.
Geh in die nahgelegene Stadt.
Besuche die ersten drei Werkstätten,
dann komm zurück und berichte."

Der Mann war verblüfft,
denn was war das für eine Antwort?
Aber: „Na gut, wenn der Brunnen es sagt, muß ich's tun."
Er ging in die Stadt
und besuchte die ersten drei Werkstätten.
Aber da war er noch überraschter und verdutzter.
Da war nichts besonderes.

In der ersten Werkstatt waren ein paar Leute
mit einigen Metallstücken beschäftigt.
Er ging zur nächsten Werkstatt.
Dort waren einige Leute damit beschäftigt,
irgendwelche Drähte zu drehen.
Er ging in die dritte Werkstatt.
Es war die Werkstatt eines Schreiners,
und die Leute arbeiteten mit Holz.
Er sagte zu sich: „Das soll das Leben sein?"

Er ging zurück zum Brunnen und sagte:
„Wie meinst du das? Ich ging hin, sah mich um.
Hier ist mein Bericht. Aber ich komm nicht dahinter."

Der Brunnen sagte:
„Nun, ich hab dir den Pfad gezeigt. Folge ihm nun.
Eines Tags wirst du dahinterkommen.
Ich hab dir den Weg gezeigt, jetzt geh du ihn auch."

Der Sucher war schlicht verärgert und sagte:
„Man hat mich reingelegt!"
Was hab ich nun davon, daß ich den Brunnen
drei Tage lang ununterbrochen gefragt habe?
Was hab ich davon, daß ich mein Herz
dem Brunnen so aufrichtig entblößt habe?
Das war Betrug. Ich hab nichts gewonnen."
Enttäuscht ging er davon.

Nach vielen Jahren des Wanderns

kam er eines Tages in die Nähe eines Gartens.
Es war eine Mondnacht, eine Vollmondnacht.
Und jemand spielte auf der Sitar.
Er war hingerissen. Der Zauber wirkte.

Wie magnetisch angezogen ging er in den Garten.
Er fragte nicht um Erlaubnis.
Er ging zu dem Spieler.
Dieser Mann war in tiefer Meditation mit seiner Sitar.
Er setzte sich hin und lauschte.
Im Mondlicht betrachtete er den Mann und das Instrument.
Dieses Instrument hatte er noch nie gesehen.

Plötzlich wurde ihm blitzartig klar,
daß jene Schreiner ganz ähnliche Dinge gemacht hatten,
wie dies hier. Sie bauten Sitars.
Und diejenigen, die Metallstücke geformt hatten,
diese Stücke waren auch an dieser Sitar. Und die Saiten!

Plötzlich, wie wenn die Wolken aufreißen,
und die Sonne durchbricht,
begann er zu tanzen.

Der Musiker schaute hoch.
Er hörte zu spielen auf.
Aber nichts kann den Tanz dieses Suchers bremsen.

Der Musiker fragte: „Was ist los?
Was ist in dich gefahren?“

Der Mann sagte: „Ich habe verstanden.
Das Leben hält alles parat.
Nur eine neue Zusammenstellung ist nötig.
Ich schaute mich in drei Werkstätten um.
Alles war da – nur keine Sitar. Alles war für sich.
Es fehlte die Ordnung. Alles war durcheinander.
Es war alles da. An nichts mangelte es.
Nur eine Synthese, eine Einheit war nötig,
und eine so wunderschöne Musik kommt zustande.
Das Leben hält alles parat. Nun habe ich verstanden.
Es muß alles nur noch angeordnet werden!"

Du hast alles, was du brauchst.
Gott schickt niemanden als Bettler auf die Welt.
Jeder wird als Herrscher geboren, lebt aber wie ein Bettler, –
weil er nicht weiß, wie er alles zusammenfügen muß.

Der Verstand sollte der Diener sein,
die Bewußtheit sollte der Meister:
dann ist das Instrument fertig,
und dann ist eine große Musik möglich.

Und es kommt der Augenblick,
da wird das Instrument völlig überflüssig.
Wenn ein Musiker vollkommen wird,
wirft er seine Sitar weg, weil sie nun überflüssig ist,
denn dann hat die innere Musik eingesetzt.
Die äußere Sitar hat nur dazu verholfen,
nach innen zu gehen.

Wenn ein Bogenschütze vollendet ist,
wirft er den Bogen weg.
Er braucht ihn nicht mehr.
Wo immer Vollendung ist, wird sie bedingungslos.

Erst bau die Sitar deines Lebens,
und dann sei in der Lage,
deinen Verstand endgültig zu entlassen.
Dann hast du den Kreislauf
von Geburt und Tod überwunden.
Und genau das ist Gott.

Das ist es,
was diese schöne Geschichte zum Ausdruck bringt:
„Mich zu erinnern." – Auf daß ich
nicht immer wieder dem alten Muster zum Opfer falle,
wo der Verstand der Meister ist,
und ich selbst der Diener bin.
Mich zu erinnern: Ich bin der Meister.

6. Magid und der falsche Meister

Von Magid, einem chassidischen Meister, heißt es:
Er suchte einmal einen anderen Meister auf.
Er verspätete sich etwas.
Die Halle, in der der andere Meister gerade sprach,
war voller Menschen.
So setzte er sich gleich neben die Tür,
wo die Leute ihre Schuhe abgestellt hatten.

Jemand schaute ihn an.
Und etwas an Magid zog ihn an.
Er sagte zu seinem Nachbarn,
dort sitze ein außergewöhnlicher Mensch.
„Aber warum sitzt er da hinten?
Das ist nicht der rechte Sitzplatz für einen Meister.
Und welche Ausstrahlung er hat!"

Und es wird erzählt,
daß nach und nach alle Zuhörer sich ihm zuwandten.

Der Meister, der sprach und der ein Schwindler war,
war überrascht von diesem Phänomen.

Magid hatte nichts gesagt, kein Wort.
Er saß einfach mit geschlossenen Augen da.
Später, als sie allein waren, fragte der falsche Meister Magid:
„Verrate mir das Geheimnis. Was ist da passiert?
Ich war da, der Leiter der Versammlung,

und ich sollte reden. Was ist passiert?
Warum wandten sich alle dir zu?“

Magid sagte:
„Seit ich ein Meister bin, passiert es fast immer;
da ist nichts zu machen, es passiert einfach.“

Ein Meister hat eine gewisse Qualität.
Wenn du wirklich der Meister bist,
bist du ein Beobachter geworden,
und damit ein Meister.

Und es ist eine solch einfache Sache:
Ein Wort, und es passiert.
Du sagst etwa zum Verstand: „Genug.
Nun sei du der Diener, weil du der Diener bist.“
Wenn du mich fragst – so einfach ist das.

Du hast Angst, deshalb kann es nicht passieren.
Du weißt, daß es nicht passieren wird.
Dann kannst du soviel sagen, wie du willst,
und nichts wird passieren.
Aber es passiert nur deshalb nicht, weil du wußtest,
es wird nicht passieren.
Sonst würde es passieren.

Du hast den Verstand nicht *wirklich*
wie einen Diener behandelt.

Sonst könntest du sagen: „Setz dich."
Oder du sagst einfach: „Hör zu." – und der Verstand hört zu.

Vivekananda war in Amerika.
Eines Morgens hielt er eine Ansprache,
und er erzählte eine Geschichte,
und darin betonte er, daß Vertrauen Berge versetzen kann.

Eine alte Frau, die sich sehr
über einen bestimmten Berg ärgerte, sagte:
„Das ist gut. Das hab ich nie versucht."

Gerade hinter ihrem Haus war ein großer Berg,
und des Berges wegen kam die Sonne nicht an ihr Haus.
Wegen des Berges gab es keinen frischen Wind.
Ihr Haus muffelte sehr.

Also sagte sie: „So leicht soll das sein?
Ich werde nun hingehen und Vertrauen haben!"

Sie ging schnurstracks zu ihrem Haus.
Sie öffnete das Fenster
und warf einen letzten Blick auf den Berg,
weil er nun ja verschwinden würde.

Dies war die letzte Gelegenheit, ihn zu sehen.
Sie schloß das Fenster, schloß ihre Augen und sagte:
„Ich hab Vertrauen. Hau ab."

Sie sagte es dreimal, weil sie dachte,
einmal würde vielleicht nicht reichen.

Dann öffnete sie das Fenster.
Der Berg stand noch da.
Sie fing zu lachen an und sagte:
„Ich wußte ja, es würde nicht klappen."

Wenn du das von vornherein weißt,
dann wird es nicht klappen.
Weil du die Bedingung nicht erfüllt hast.

Ich sage auch, daß Vertrauen Berge versetzen kann.
Aber wohlgemerkt: *Vertrauen!*

Und Vertrauen
braucht nicht dreimal ausgesprochen zu werden.
Es ist Zweifel, der es dreimal sagt.
Wozu dann das Ganze?
Du sagst es einmal und Basta! – und Vertrauen
wird nicht die Fenster öffnen und nachschauen.
Basta!

Ich habe gehört, daß in einer Stadt einmal folgendes geschah:
Es war kein Regen gefallen.
Die Regenzeit war überfällig, und der Priester der Stadt
versammelte eines Morgens alle Leute um sich,
rief sie auf, in den Tempel zu kommen,
um dort um Regen zu beten.

Die ganze Stadt ging hin.
Und die ganze Stadt lachte ein bestimmtes Kind aus:
Ein kleines Kind kam mit einem Regenschirm!
Alle lachten darüber und sagten:
„Du Närrchen, warum bringst du deinen Regenschirm mit?
Du wirst ihn nur verlieren. Regen kommt sowieso nicht."

Das Kind sagte:
„Aber ich dachte, wenn ihr darum betet, wird Regen fallen."

Ein einziges Kind kam mit Regenschirm.
Wie kann da Regen kommen?
Wenn dieses Kind gebetet hätte,
dann *wäre* Regen gekommen.

Vertrauen kann nur ganz sein – oder gar nicht.
Und die Leute, die über das Kind lachten,
waren nur dumm.
Wenn ihr nicht vollkommenes Vertrauen habt,
warum geht ihr dann zum Beten?
Und wenn das Gebet nicht erfüllt wird,
werdet ihr sagen, ihr hättet von vornherein gewußt,
daß es so kommen würde.

Vertrauen funktioniert im Inneren völlig anders.
Wenn du wirklich zum Verstand sagst:
„Sei der Diener von nun an,"
ist alles klar!

Öffne nicht das Fenster, um noch einmal nachzuschaun.
Aber nur so kommt Vertrauen,
und so kommt Vertrauen auch zu dir,
weil es gar nicht anders geht.
Wenn du Herr im Hause bist,
behandelst du den Diener wie einen Freund,
bist du dem Diener dankbar:
Er bedient dich!
Warum ihn mißhandeln?

Mißhandlung kommt nur daher, daß du siehst,
daß der Diener der Herr ist.
Dann reagierst du, wirst du böse,
und dann mißhandelst du ihn.
Daß du ihn mißhandelst, zeigt einfach,
daß der Diener nicht der Diener
und der Herr nicht der Herr ist.

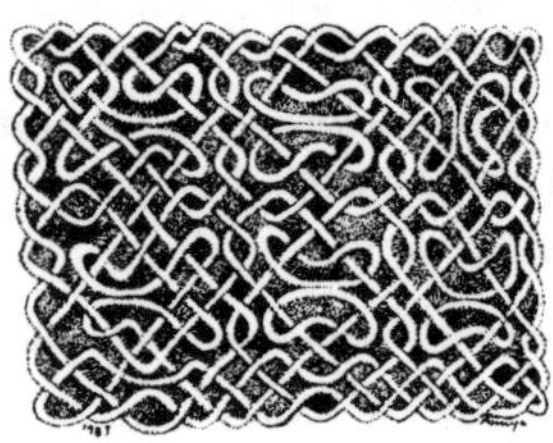

7. Der vollendete Schwimmer

Als der Sohn
des Rabbi von Lentshno noch ein Junge war,
sah er den Rabbi Jizchak von Worki beim Beten.
Voller Erstaunen kam er zu seinem Vater gerannt
und fragte, wie es für einen solchen Zaddik möglich sein könne,
still und einfach zu beten,
ohne irgendein Zeichen von Ekstase von sich zu geben.

Sein Vater antwortete:
Nur ein ungelernter Schwimmer muß um sich schlagen,
um nicht unterzugehen.
Der vollendete Schwimmer ruht auf der Strömung.
Sie trägt ihn.

Es gibt eine sehr alte Geschichte.
Wenn ihr gut zuhört,
werdet ihr auch euch selbst darin wiederfinden.
Aber wenn ihr nur halb hinhört,
werdet ihr darüber lachen und sie vergessen.

Manchmal lacht ihr nur deshalb,
um etwas zu vergessen oder zu verbergen.
Wie oft habe ich schon beobachtet, daß ihr nur lacht,
um eure Tränen zu verbergen.
Du lachst, denn wenn du nicht lachst,
wird es zuviel, zu schwer.
Lachen ist ein Weg, etwas Bestimmtes zu vermeiden.

Hört also bitte zu, hört so tief zu wie ihr nur könnt.
Ich weiß, Hören ist einfach,
und Zuhören ist sehr schwierig.
Ihr hört nur.
Und ihr meint, ihr hättet damit schon zugehört.
Hören ist bloß mechanisch.

Erst wenn du mit vollkommener Bewußtheit hinhörst,
wird Zuhören möglich.

Hören ist genau wie Essen, ohne zu schmecken.
Du kannst dir den Bauch füllen,
aber tief drinnen bleibt der Hunger:
Der Körper mag befriedigt sein,
sogar überfüllt, aber der leise Hunger bleibt.
Weil er nur gestillt werden kann,
wenn du fähig wirst zu schmecken.
Aber um etwas schmecken zu können,
muß man wach, bewußt sein.

Hör ihr zu –
diese Geschichte gehört zu den wunderbarsten,
die mir je begegnet sind.
Es ist eine chassidische Geschichte.

Sie erzählt von einer sehr großen Stadt.
Jedenfalls erschien sie denen, die in ihr wohnten, sehr groß.
In Wahrheit war sie nicht größer als eine kleine Untertasse.
Die Häuser der Stadt waren Wolkenkratzer.

Und die Bewohner behaupteten,
ihre Häuser stießen an den Himmel.
Aber allen, die sich nichts vormachten,
wollte es erscheinen, daß die Höhe der Stadt
kaum die einer Zwiebel überragte.

Diese Stadt barg die Bevölkerung von zehn Städten –
Millionen von Menschen.
Aber für die, die zählen konnten,
gab's nur drei Narren in dieser Stadt,
und keine Person mehr.

Der erste Narr war ein großer Denker.
Er war ein großer Systematiker, ein Metaphysiker,
fast ein Aristoteles.
Er konnte über alles mögliche sprechen.
Man konnte ihn fragen, und er hatte die Antwort parat.
In der Stadt hieß es, er sei der größte aller Seher.

Selbstverständlich war er völlig blind.
Er konnte den Himalaja nicht sehen,
der direkt vor seinen Augen stand,
aber er konnte die Beine der Ameisen zählen,
die auf dem Mond krabbeln.
Er war er völlig blind. Doch er konnte Haare spalten.
Er sah Dinge, die niemand je gesehen hatte:
Götter, Engel, Himmel und Hölle.
Er verdammte die gewöhnliche Welt sehr,
die man sehen konnte.

Er hielt sich mehr an das Unsichtbare,
das nur er und niemand sonst sehen konnte.

Der zweite Mann pflegte die Musik der Sphären zu hören.
Er pflegte die tanzenden Atome zu hören,
die Harmonie der Schöpfung, – aber er war stocktaub.

Und der dritte Narr, der dritte Mann, war splitternackt.
Er hatte nichts.
Er war der ärmste Mann, den es je gab,
außer daß er ein Schwert hatte,
welches er stets griffbereit mit sich trug.
Er hatte immer Angst, war regelrecht paranoid,
daß jemand ihn eines Tages ausrauben könnte.
Natürlich hatte er gar nichts.

Sie alle berieten sich,
denn es hieß, ihre Stadt sei in großer Not.

Und alle drei Narren, die man für so weise hielt,
waren aufgefordert, der Sache auf den Grund zu gehen:
Ist es wahr, daß der Stadt Gefahr droht?
Steht eine Krise bevor? Irgendeine baldige Katastrophe?
Der Blinde schaute auf den fernen Horizont
und sagte: „Ja. Ich sehe Tausende von Soldaten
aus dem Feindesland anrücken.
Ich kann sie nicht nur sehen, ich kann zählen, wieviel es sind.
Ich kann sehen, zu welcher Rasse
und welcher Religion sie gehören."

Der Taube hörte schweigend zu, überlegte
und sagte: „Ja. Ich kann hören, was sie sagen.
Und ich kann sogar hören, was sie nicht sagen
und in ihren Herzen verbergen.

Der Bettler, der dritte Narr, sprang auf,
zog sein Schwert und rief:
„Ich fürchte, sie werden uns ausrauben."

Das ist deine Geschichte.
Denke darüber nach.
Betrachte sie von allen Seiten
und gehe ihr bis auf den Grund.
Das ist die Geschichte des Menschen.

Der Mensch täuscht unentwegt etwas vor, das er nicht ist;
Auf die Art sucht er, sich selbst zu verstecken.
Der Häßliche versucht schön auszusehen.
Der Mensch, der in Not ist,
versucht glücklich dreinzuschauen.
Der Mensch, der gar nichts weiß, versucht zu beweisen,
daß er alles weiß.

So geht es fort und fort.
Und so lange du dir dieser drei Narren
in dir nicht bewußt wirst,
wirst du niemals ein Weiser.
Indem man diese drei Narren hinter sich läßt,
wird man der wahre Weise.

Versuche, dich an die Tatsachen zu halten.
Versuche, sie nicht in Fiktionen zu verstecken.
Fiktionen sind leicht, sind billig: Man brauchst nichts zu tun,
nur vor sich hin zu phantasieren.
Und Phantasie ist eine Art Selbsthypnose.
Wenn du dir dauernd irgendetwas vorsagst,
glaubst du am Ende, daß du es tatsächlich hast.

Was hast du auf dieser Welt? Was besitzt du?
Du besitzt nicht einmal dich.
Warum dann bist du so ängstlich,
es könne dich jemand berauben?

Es kommen Leute zu mir, und sie sagen:
„Wir können nicht vertrauen, weil wir Angst haben."

Ich frage sie: „Wovor hast du Angst?
Was besitzt du denn?" Sie sagen:
„Wenn wir vertrauen, könnte uns jemand betrügen." –
der dritte Narr.

Was besitzt du? Mit leeren Händen kommst du.
Mit leeren Händen gehst du.
Und genau zwischen Nichts und Nichts,
bist du verrückt genug zu glauben, etwas zu besitzen!
Das meint Jesus, wenn er sagt,
daß selbst ein Kamel eher durch ein Nadelöhr geht,
als daß ein reicher Mann fähig ist,
in das Reich Gottes einzugehen.

Was meint er mit „reicher Mann“?
Er meint jemanden, der nichts hat,
und glaubt, etwas zu haben.

Jeder ist arm. Mit leeren Händen kommen wir.
Mit leeren Händen gehen wir.
Alle Vorstellungen von Reichtum sind Phantastereien.
Mit dem „reichen Mann“ meint Jesus nicht denjenigen,
der irdischen Besitz hat.

Niemand hat etwas.

Die Armen sind arm.
Die Reichen sind gleicherweise arm, –
manchmal ärmer als die Armen.
Weil sie sich leichter vormachen, etwas zu besitzen.

Wenn du etwas besitzt, hat Jesus recht:
dann kann ein Kamel durch ein Nadelöhr gehen,
aber dir wird es unmöglich sein,
ins Reich Gottes zu kommen.
Die Tore sind geschlossen.
Narren haben keinen Zutritt.

Schon der Gedanke, du besäßest etwas, ist närrisch.
Und wenn er sich erst einmal festsetzt,
wirst du ihn verteidigen, und alle werden deine Feinde,
weil alle versuchen werden,
dir wegzuschnappen, was du hast.

Dabei hast du eh von Anfang an gar nichts.

Je mehr du dich abschottest, umso mehr denken die anderen,
daß du etwas haben mußt.
Warum sonst dieses Abschotten?
Sie sind hinter dir her, weil sie glauben,
du hättest etwas.
Dann siehst du sie hinter dir herrennen,
witterst Gefahr und glaubst, dich schützen zu müssen.
So geht der Teufelskreis weiter.

Niemand hat etwas in dieser Welt.
Hast du das erst einmal eingesehen, verschwindet alle Angst,
bist du ein *sannyasin* geworden.
Nicht, daß ihr dann eure Häuser verlaßt,
und eure Frauen und Kinder und die Welt,
um in die Berge zu ziehen, nein!

Alle, die auf hohe Berge fliehen, denken immer noch,
sie ließen etwas, das sie hätten, zurück.
Genau das ist die Dummheit.

Zuerst machtest du dir vor,
etwas zu besitzen, und dann,
es verlassen zu haben.
Aber die grundsätzliche Hypnotisiertheit bleibt.
Erst hast du ununterbrochen dein Geld gezählt –
wieviel du wohl hast.

Und nun wirst du zählen, auf wieviel du verzichtet hast.
Aber dein Verzicht ist nichts anderes,
als die Kehrseite deines Bankvermögens,
das andere Ufer des Flusses, des Marktplatzes.

Ein Mensch, der erkennt,
verzichtet auf nichts,
denn jemand, der erkennt und endlich begreift,
wie es um ihn steht, weiß, daß er nichts hat.
Was heißt hier „Verzicht"?
Auf was willst du verzichten?
Deine Hände sind leer!

Und mit einmal bist du woanders.
Das Besitzen, das Verzichten,
beides ist unerheblich geworden.

Manchmal kommen Leute zu mir,
denen ich ansehe, daß sie mich nicht sehen,
obwohl ich vor ihnen sitze.
Aber sie berichten von ihren Visionen,
hochgeistigen Visionen.
Schöne Farben fließen ihnen durch den Geist.
Die *kundalini*, die Schlangenkraft, steigt auf!
Sie schießt zum letzten Chakra hoch.

Ich sitze vor ihnen,
und ich sehe, sie sind blind.
Sie können mich nicht sehen.

Ihre *kundalini* steigt auf,
und sie haben gewaltig viel Licht im dritten Auge.
Und sie kommen, damit ich es bestätige:
„Ja, so ist es."

Wenn ich ja sage, es stimmt, dann sind sie ganz glücklich.
Wenn ich nein sage, sind sie sehr böse,
werden sie meine Feinde.
Und sie können mich nicht sehen.
Aber sie vermögen die Beine der Ameisen zu zählen,
die auf dem Mond krabbeln.
Sie sind stockblind.
Um ihre Blindheit zu verbergen,
umhüllen sie sich mit allen möglichen Fiktionen.

Ein Mann kam einmal zu mir. Er sagte:
„So wie es Mohammed widerfuhr,
so widerfährt es mir.
Ich erhalte Botschaften in der Nacht.
Gott höchstpersönlich, Allah – er gibt mir Botschaften.
Nur hab ich morgens leider vergessen,
was es für Botschaften waren."
Das war in Ahmedabad.

Ich sagte zu ihm: „Tu eins:
Leg dein Schreibzeug neben das Bett,
und schärfe dir beim Zubettgehen ein,
daß dein Schlaf, wann immer Gott dir etwas offenbart,
unterbrochen wird und du es aufschreiben kannst.

Und schreib es auf, was immer es ist."

Er sagte:
„Diese Botschaften enthalten ungeheure Wahrheiten.
Sie können die ganze Welt verändern.
Schade nur, daß ich sie dann immer am Morgen vergesse."

So sagte ich: „Mache es so.
Und was es auch sei, bringe es mit."

Am nächsten Tag kam er.
Er war sehr besorgt und traurig,
und niedergedrückt und enttäuscht.
Ich sagte: „Was ist geschehn?"

Er sagte: „Ich kann nicht glauben, was passiert ist.
Ich habe deine Anweisungen genau befolgt.
Als ich zu Bett ging, habe ich mir eingeschärft,
daß ich sofort aufwachen kann,
wenn die Botschaft durchkommt
und daß ich die Botschaft niederschreiben werde.
Und es ist so gekommen, wie du es gesagt hast."

„Aber warum bist du dann so traurig?"
Er sagte: „Weil die Botschaft mich sehr betrübt."

„Wie lautete die Botschaft?"

Er fühlte sich ein wenig verlegen.

„Die Botschaft war: *„Mach mal Pause. Trink Coca-Cola!“*

Die Reklamefläche war genau seinem Haus gegenüber.
Er muß oft an ihr vorbeigegangen sein.

Er sagte also: „Bitte verrate es niemandem,
ich bin am Boden zerstört!
Wie konnte das nur passieren?
Macht sich Gott irgendwie über mich lustig?“

Deine Träume können immer nur *deine* sein.
Mach mal Pause. Trink Coca-Cola!
Darüber können sie nicht hinaus!
Deine Visionen sind *deine* Visionen.
Sie können nicht mehr sein als du.
Deine Erfahrungen sind *deine* Erfahrungen.
Sie stehen zwangsläufig unter dir.
Sie können nicht über dich hinausgehen.
Deine *kundalini* wird deine *kundalini* sein;
sie kann nicht die *kundalini* eines Buddha sein.

Mit neunundneunzigprozentiger Wahrscheinlichkeit
hast du phantasiert.
Der Mensch ist so armselig,
daß er sich tausendfach selbst überzeugen muß:
„Ich bin reich!“

Wenn dir die weltlichen Dinge unerreichbar geblieben sind,
dann mußt du dich auf die nicht-weltlichen Dinge verlegen.

Wenn du kein Bankkonto hier auf Erden hast,
mußt du eins oben im Himmel haben.
Aber ein Bankkonto hast du.

Denkt immer daran:
Euer Verstand ist dumm.
Der Verstand als solcher ist Dummheit.
Der Verstand kann nicht intelligent sein.
Intelligenz tritt erst ein, wenn der Verstand verschwindet.
Intelligenz ist nicht Ausdruck des Verstandes.
Sie hat etwas mit dem Ganzen zu tun.
Der Verstand ist dumm, nachplappernd.
Er kann das Unbekannte nicht kennen.
Er kann nur das Bekannte nachplappern.

Mach mal Pause. Trink Coca-Cola!
Durch den starren Blick auf die Werbetafel,
hat es sich festgesetzt.
Wenn du als Hindu geboren bist,
wird deine *kundalini* aufsteigen.
Wenn du als Jain geboren bist, nie und nimmer.
Weil die Jain-Schriften nicht für die *kundalini* werben.
Wenn du Christ bist, wirst du Christus sehen
und das Kreuz.
Aber bei einem Hindu
macht sich Christus niemals die Mühe,
seinen Weg zu kreuzen.
Und erst recht nicht das Kreuz!
Dann wirst du Krishna sehen, wie er auf einer Flöte spielt.

Weil für Krishna geworben wird, nicht für Christus.

Alle eure spirituellen Erfahrungen sind nichts als Prägungen,
die euch die Gesellschaft mitgegeben hat.
Verlaßt euch nicht zu sehr auf sie,
denn der Tod wird es euch klarmachen,
daß ihr einer Einbildung aufgesessen seid:
eure Möglichkeit verpaßt habt.

Macht euch klar, daß ihr nichts habt.
Wenn du erst einmal weißt, daß du nichts hast,
verschwindet die Angst.
Weil Angst immer zu dem Gefühl gehört,
etwas zu haben, das verlorengehen kann.
Deshalb die Angst.

Wenn dir die Tatsache klar wird,
daß du gar nichts weißt,
daß du blind bist, daß du nicht sehen kannst …

Alles, was ihr gesehen habt, ist eure eigene Projektion.
Ihr erschafft es und ihr seht es.
Ihr seid der Regisseur des Dramas,
das ihr euer Leben nennt.
Und ihr seid auch der Stückeschreiber.
Und ihr seid der Schauspieler.
Und ihr seid all das, was geschieht.
Und ihr seid die Zuschauer.
Da ist niemand anderer. Du schaust es dir an.

Du machst es. Du führst die Regie.
Du spielst eine Rolle darin.

Ist dies erst einmal erkannt –
und es kann in einem Lichtblitz erkannt werden!
Einfach indem du mir richtig zuhörst,
kann es geschehen – löst sich das ganze Drama auf.

Das ist es, was die Hindus *maya* nennen:
die Welt, die du um dich herum erschaffen hast,
die nicht wirklich ist, die nicht da ist,
die nur deine Erfindung ist.

Wenn der Schleier fällt,
dann bist du zum erstenmal nicht blind.
Deine Augen öffnen sich.
Dann siehst du das, was ist.

Lauscht nicht ständig auf entfernte Harmonien
und die Musik der Sphären
und das Trippeln der Atome.
Haltet euch nicht selbst zum Narren.
So wie es steht, habt ihr euch schon viel zu lang
zum Narren gehalten.

Aufhören. Es reicht!
Sagt: „Jetzt ist es genug."
Denn wenn du dich nicht befreist
von deinen falschen Vorstellungen,

von all deinen falschen Begriffen,
über Sehen, Hören und Besitzen,
kann das Richtige nicht erreichbar werden.

Vom Falschen befreit sein,
heißt für das Richtige offen sein.
Vom Falschen befreit sein,
heißt auf dem Pfad des Wirklichen sein.

Vergeßt nicht folgenden Trick des Verstandes:
daß der Verstand das Gegenteil erzeugt.
Wenn du wütend bist,
hast du ein höfliches Lächeln im Gesicht.
Der Verstand erzeugt das Gegenteil.
Wenn du Angst hast,
zeigt dein Gesicht Angstlosigkeit.
Wenn du voller Haß bist,
versuchst du es mit lauter Liebesgedichten.

Von Lord Byron wird gesagt,
daß er sich in Hunderte von Frauen verliebte.
Sieht nach einem großem Liebhaber aus,
einem Don Juan – ist er aber nicht.
Er muß allzu haßerfüllt gewesen sein.
Er konnte niemanden lieben.

Wenn du niemanden lieben kannst,
wenn die Liebe nicht fließt,
versuchst du es immer mit neuen Partnern,

nur um die Illusion zu erzeugen,
daß du ein großer Liebhaber bist –
seht, wie viele Menschen du liebst!

Eine Liebe ist genug!
Falls es wirkliche Liebe ist, kann sie dich so tief stillen,
kann sie dich so zufriedenstellen,
kann durch sie eine so unendliche Stille eintreten,
daß gar nichts anderes mehr nötig ist.
Aber wenn sie nicht da ist,
dann wanderst du von einem zum anderen.

Ich las kürzlich ein Theaterstück.
Dieses Stück gehört in die Kategorie,
die man jetzt *Absurdes Theater* nennt.
Der Vorhang hebt sich.
Die Spieler sitzen in einem Restaurant.
Es sind ein paar Gäste da.
Die Ober tragen auf. Und die Leute essen,
genießen das Essen, reden – sagen, wie schön alles ist.

Aber die Wahrheit ist: Nichts geschieht.
Die Kellner führen nur Bewegungen aus,
ohne irgendein Essen zu bringen.
Und die Essenden tun nur so als ob,
denn sie haben gar nichts zu essen.

Aber alle haben sie Angst:
„Wenn ich sage, es gibt gar kein Essen,

dann wird das ganze Restaurant,
werden all diese Leute mich für verrückt halten."

Alles ißt also, aber auf keinem Teller ist irgendetwas zu essen.
Die Leute stecken sich die Bissen in den Mund,
beißen ab, kauen, essen *und* genießen und erzählen sich,
wie schön alles ist.
Du mußt mitmachen, sonst bist du der einzige,
der verrückt geworden ist.

Und alle stecken in der gleichen Lage:
vor Angst traut sich niemand, etwas zu sagen,
und daß die Kellner nur leere Teller bringen,
und daß die Leute nichts essen –
sie vollführen nur leere Gesten mit Hand und Mund.
Nicht nur das – sie schwelgen darin,
wie wohlschmeckend es ist, wie köstlich.
Du wirst für verrückt erklärt, wenn du was sagst.
Da ist es besser zu schweigen.
Rette deinen Ruf und geh heim.

Alle verlassen das Restaurant
und unterhalten sich über das Essen.
Aber alle sind hungrig.
Und alle scheinen erschöpft.
Wenn du nur leere Bewegungen machst,
bist du natürlich erschöpft.
Alle scheinen das Leben satt zu haben, praktisch tot,
aber immer noch über das Essen schwadronierend.

Genauso verhält es sich mit der Liebe.
Du verliebst dich, machst die entsprechenden Gesten,
aber die Liebe fehlt, die wirkliche Speise ist nicht da.
Du gehst nur die Bewegungen durch,
die von einem Liebenden erwartet werden.
Und nicht nur das: Du sagst sogar: „Wie schön!“
Tief drinnen weißt du, daß da gar nichts ist,
daß nichts geschieht.
Aber wenn du sagst, daß nichts geschieht,
wird man dir Vorwürfe machen.

Die ganze Welt lebt in Träumen.
Wenn du mit den anderen auskommen willst,
mußt du mit ihnen mithalten.
Du sagst: „Ja! Wie wunderschön!“ –
Aber irgendwann hängt es dir zum Halse heraus.
Und das ganze Leben erscheint dir als endlose Öde.

Und wieder und wieder folgst du
der langen gleichen Routine.
Und wieder und wieder endest du
bei der gleichen Enttäuschung.

Schau hin! Ist so nicht dein Leben?
Der Verstand wird sagen:
„Nein, so ist mein Leben nicht.
Bei anderen mag es so sein.“
Aber das ist die Art des Verstandes,
sich selbst zu schützen:

„Andere mögen Narren sein; ich nicht.“

Da denkt der Weise anders.
Laotse sagt: „Jeder scheint sehr, sehr weise zu sein.
Ich bin der einzige Idiot hier.“
Der Weise ähnelt einem Idioten.

Laßt mich euch eine chassidische Geschichte erzählen.
Einmal wanderte eine Gruppe Juden
von Polen nach Amerika aus.
In alten jüdischen Gemeinden war es stets so:
Es gab immer einen Dorfweisen
und immer einen Dorfdeppen,
damit die Dinge im Gleichgewicht waren.

Und Juden sind sehr für's Gleichgewicht.
Auf diese Art muß es sich ausgleichen:
Wenn das Dorf einen Weisen hat,
braucht es auch einen Idioten.
Wie sollte es sich sonst ausgleichen?
Der Weise könnte zuviel Weisheit von sich geben,
zuviel unverdauliches Zeugs.
Seine weisen Sprüche würden allzu belastend,
seine Ernsthaftigkeit könnte erdrücken.
Da braucht es einen Idioten,
um alles ins Gleichgewicht zu bringen.

Selten, aber manchmal kam es auch vor,
daß es der gleiche Mann war – der Weise und der Idiot.

Dann ist der Weise vollkommen.
Denn dann ist nicht nur das Dorf,
sondern der Mann *selbst* ausgeglichen.
Und in dieser Geschichte hier verhielt es sich so.

Der Dorfdepp –
oder nennt ihn meinetwegen den Dorfweisen,
hieß Josel;
auch er wanderte mit der ganzen Gemeinde aus.

Nach dem dritten Tag kam ein großer Sturm auf.
Es wurde lebensgefährlich.

Jeden Augenblick konnte das Schiff untergehen.
Es herrschte Chaos, der Kapitän schrie seine Befehle,
die Matrosen ließen die Rettungsboote hinab,
Kinder weinten, Frauen schrien,
und alle Passagiere irrten über das Deck,
völlig durcheinander und verängstigt.
Die Hölle war los.

Nur Josel amüsierte sich.
Schmunzelnd beobachtete er alle.
Das alles machte ihm Spaß.

Ein alter Mann aus dem Dorf schalt Josel:
„Das geht zu weit!
Das Schiff sinkt! Und was machst du?
Du freust dich?“

Josel sagte: „Warum so aufgebracht, Onkelchen?
Gehört das Schiff etwa dir?“

Dies kann der Ausspruch eines Idioten sein.
Dies kann der Ausspruch eines Weisen sein.
Es kann beides sein. Es *ist* beides.

Es gibt einen Punkt,
da treffen sich Weiser und Idiot,
da schaut der Weise wie ein Idiot aus,
da schaut der Idiot wie ein Weiser aus.
Weil die Gegensätze ineinander fließen,
und es zu einer Synthese kommt.

Ein Weiser braucht nichts zu rechtfertigen.
Er kann es sich leisten, ein Idiot zu sein.
Ihr könnt es euch nicht leisten, ein Idiot zu sein,
weil ihr wißt, daß ihr Idioten seid,
und es mit eurer sogenannten Weisheit tarnen müßt.
Was ich damit sagen will?
Ihr erzeugt immer das Gegenteil.
Ihr seid nicht eins, ihr seid eine Vielzahl, eine Menge.
Was ihr auch innerlich fühlt,
ihr versucht das Gegenteil vorzutäuschen.
So daß niemand hinter eure innere Armut kommt,
eure innere Dummheit.

Wer dumm ist, studiert gelehrte Schriften.
Man kann viele Dummköpfe finden,

die nur deshalb die Thora, die Bibel, die Gita,
den Koran studieren, um ihre Dummheit zu verbergen.

Eines Tages klopfte ein Mann an Naftalis Haus.
Naftali öffnete die Tür,
und fragte, wie es seine Gewohnheit war:
„Warum bist du gekommen?"
Der Mann sagte: „Ich möchte bei dir studieren."
Naftali schloß die Tür und sagte:
„Geh woanders hin. Ich bin kein Lehrer.
Du kannst dir einen anderen suchen,
der dich in den Schriften unterweist."

„Warum?" fragte Naftalis Frau.
„Warum hast du diesen Mann abgewiesen?
Er schien mir ein aufrichtig Suchender zu sein."
Naftali sagte: „Leute, die sich für das Studium der Schriften
interessieren, sind fast immer dumm.
Sie wollen etwas verbergen."

Anderntags klopfte ein anderer.
Naftali öffnete die Tür und er fragte: „Warum bist du hier?
Was wünschst du von mir?"
Der Mann sagte: „Ich möchte dir nah sein,
um zu lernen, wie man der Menschheit dient."
Naftali sagte: „Mach, daß du fortkommst.
Du hast an der falschen Tür geklopft."

Die Frau verstand die Welt nicht mehr.

Sie sagte: „Er bat dich doch nicht
um das Studium der Schriften.
Er schien ein großer Gesellschaftverbesserer
oder etwas ähnliches zu sein.
Er wollte der Menschheit dienen.
Einen so lauteren, frommen Geist –
warum hast du ihn abgewiesen?"

Naftali sagte: „Leute, die sich selbst nicht kennen,
die können keinem anderen dienen.
All ihr Dienen führt am Ende zu Unheil.
Gesellschaftsverbesserer sind unheilvolle Gesellen,
es sei denn, sie kennen sich selbst."

Wie kann man irgendwem dienen?
Und wie kannst du gar der Menschheit dienen?
Du hast nicht einmal diesem kleinen Wesen gedient,
das in dir selbst ist.
Erhelle erst dieses,
danach versuche das Leben anderer zu erhellen.

Wenn du innerlich dunkel bist,
und du gehst hin und hilfst anderen,
wirst du nicht helfen, sondern Schaden anrichten –
denn wer wäre da, der helfen könnte?

Anderentags klopfte wieder jemand an.
Naftali öffnete die Tür und fragte:
„Warum bist du hergekommen?"

Der Mann sagte: „Ich bin sehr dumm.
Kannst du mir ein wenig helfen, da herauszukommen?“

Naftali küßte den Mann und sagte:
„Sei mir willkommen. Auf dich warte ich.“

Das ist der erste Schritt zur Weisheit:
zu erkennen, daß du nicht weise bist.
zu erkennen, daß kein Trick helfen kann,
dies zu verbergen.

Einer, der erkennt, daß er unwissend ist,
ist bereits auf dem richtigen Pfad.
Einer, der erkennt, daß er arm ist,
ist bereits auf dem Weg zum Reich Gottes,
dem wirklichen Schatz.
Einer, der erkennt, daß er blind ist,
öffnet bereits seine Augen.
Einer, der erkennt, daß er taub ist,
wird früher oder später zu hören vermögen.
Dann wird er die Musik kennenlernen,
die Musik der Schöpfung.

Versucht nicht, das Gegenteil zu erzeugen.
Erkennt vielmehr die innerste Beschaffenheit eures Wesens.
Verbergt es nicht – öffnet es dem Himmel.
Was ihr verbergt, das nährt ihr.
Weil es im Dunkeln wächst und größer und größer wird
und ungeheuere Maße annimmt.

Öffnet es dem Licht und dem Himmel und der Luft,
und es stirbt ab.
Weil es im Licht nicht leben kann.

Unwissenheit ist wie die Wurzeln eines Baums.
Reißt man sie heraus, sterben sie.
Im Licht können sie nicht überleben.
Sie sind Bewohner der Dunkelheit,
in der reinen Luft können sie nicht überleben.
Aber wenn man sie versteckt,
verhilft man ihnen zu wachsen.

Beherzige dies: Was immer du innen fühlst,
das verstecke nicht,
denn es läßt sich nur durch das Gegenteil verstecken.

Und dann wirst du immer gespalten sein.
Und wirst du niemals ganz,
wirst du niemals ein harmonisches Ganzes werden.
Und nur die innerste Harmonie
kann äußerste Harmonie erfahren.
Das ist die Bedeutung von:
„Nur die Seele erkennt Gott."
„Seele" heißt: Zur inneren Harmonie gelangt sein.
„Gott" heißt: Du bist für Gott erreichbar geworden,
und Gott ist für dich erreichbar geworden.

Nun zu dieser kleinen, sehr bedeutsamen Anekdote.

Als der Sohn
des Rabbi von Lentshno noch ein Junge war,
sah er den Rabbi Jizchack von Worki beim Beten.
Voller Erstaunen kam er zu seinem Vater gerannt
und fragte, wie es einem solchen Zaddik möglich sein könne,
still und einfach zu beten,
ohne irgendein Zeichen von Ekstase von sich zu geben.

Sein Vater antwortete:
Ein ungelernter Schwimmer muß um sich schlagen,
um nicht unterzugehen.
Ein vollkommener Schwimmer ruht auf der Strömung.
Sie trägt ihn.

Eins der heikelsten und bedeutsamsten Dinge,
die es zu beherzigen gilt: Aus Qual wird Ekstase.
Wenn du in tiefen Qualen bist,
dann wird die gleiche Energie,
die Qual war, zu Ekstase, wenn du meditierst.
Du wirst vor Ekstase tanzen.
Aber das ist nicht der Endpunkt.
Denn selbst in deinem Tanz
wird noch eine Spur deiner Qual zurückbleiben.
Der endgültige Tanz setzt erst dann ein,
wenn sogar das Tanzen aufhört.
Man hat Mira und Chaitanya tanzen gesehen.

Niemand hat Buddha tanzen gesehen,
oder Mahavir tanzen gesehen.

Mira und Chaitanya haben fast das Ziel erreicht,
und doch braucht es noch einen Schritt mehr.
Sie waren unglücklich; nun sind sie glücklich.
Sie haben ihr Unglück transzendiert.
Nun sind sie in Freude.
Aber auch die muß transzendiert werden.
Denn wenn du immer nur in der Freude verharren willst,
wird wie ein Schatten die Traurigkeit folgen.

Dualitäten gehen zusammen.
Wenn du tanzt,
wirst du früher oder später wieder in Qualen zurückfallen,
weil die Energie die gleiche ist.
Erst war sie innere Qual, und du verbargst sie.
Es war wie eine Wunde.
Nun hast du sie ausgedrückt,
hast die gleiche Energie freigesetzt, und nun tanzt du.
Aber du hast sie nicht überwunden.

Tanzen ist gut,
aber es ist nur erlaubt bis hin zu den Stufen des Tempels,
nicht drinnen.
Niemand gelangt zu Gott ohne Tanzen.
Niemand erreicht Gott mit Tanzen.
Tanzen muß man, damit die Qual verwandelt wird,
aber verwandelte Qual ist immer noch Qual.
Sie ist schön geworden, sie hat ihr Gift verloren,
gehört aber immer noch zur gleichen Kategorie.

Wenn ich euch zum Beispiel einen Witz erzähle,
dann lacht ihr.
Aber in eurem Lachen steckt etwas von eurer Traurigkeit.
Es kann nicht anders sein.
Vierundzwanzig Stunden lang seid ihr traurig.
Ihr lacht aus eurer Traurigkeit heraus.

Mehr noch: Ihr lacht aufgrund eurer Traurigkeit,
weil sie euch zuviel wird.
Ihr müßt sie freisetzen.
Sie staut sich zu einer solchen Anspannung auf –
ihr müßt euch befreien.
Ihr lacht lauthals los –
gut so, therapeutisch, aber nichts Spirituelles.
Gut, heilsam, aber selbst die Arznei
mußt du hinter dir lassen,
wenn du wirklich gesund bist.

Wenn du deine Medizin stets mit dir schleppst,
bleibt etwas von der Krankheit in dir.
Wenn die Krankheit völlig weg ist,
wirfst du die Medizin gleichfalls weg.
Wenn der Schmerz weg ist,
wozu sich dann noch an die Freude klammern?
Wenn das Leiden aufgehört hat,
wozu dann noch am Jubel hängen?
Wenn dein ganzes Sein ein Freudenfest ist,
begehst du keins mehr.

Dann ist dein ganzes Wesen ein Lachen,
ohne daß du lachst.
Das vollendete Lachen ist fast wie kein Lachen.
Und das vollkommene Glück hat nichts vom Glück an sich.
Denn wenn noch etwas von Glück drinsteckt,
dann schau genau hin:
Das Unglück lauert gleich um die Ecke.
Jeden Augenblick kann es dich anspringen
und von dir Besitz ergreifen.

Ein glücklicher Mensch kann unglücklich werden.
Nicht so ein Buddha, denn er ist nicht mehr glücklich.
Er ist nicht mehr in den Klauen der Dualität.
Der Junge war besorgt:
ein Zaddik, ein Meister, der meditierte,
und nicht in Ekstase war?

Chassidische Adepten sind ein sehr ekstatisches Völkchen.
Sie tanzen, sie singen, sie freuen sich.
Freude ist ihr Gebet, und so sollte es sein.
Denn es gibt keinen anderen Weg,
Gott gegenüber deinen Dank zum Ausdruck zu bringen –
Jauchze, tanze, laß die Freudentränen fließen:
das ist das einzig mögliche Gebet.

Als der Sohn
des Rabbi von Lentshno noch ein Junge war,
sah er den Rabbi Jizchack von Worki beim Beten.

Der Junge muß schon viele Chassiden gesehen haben:
tanzend, voller Freudentränen,
jauchzend, sich umarmend, in tiefer Dankbarkeit,
in tiefer Andacht Gottes.
Der Junge muß oft erlebt haben,
daß die Leute feiern, wenn sie meditieren.
Voller Erstaunen kam er zu seinem Vater gerannt
und fragte, wie es einem solchen Zaddik möglich sein könne,
still und einfach zu beten,
ohne irgendein Zeichen von Ekstase von sich zu geben.

Er scheint nicht glücklich zu sein,
er scheint nicht feierlich gestimmt zu sein.
Keine Spur von Ekstase um ihn.
Wie ist das möglich?
Wo er doch ein so großer Meister ist?!

Der Junge muß vieles über den Zaddik gehört haben –
daß er erleuchtet sei.
Er fragt: „Was tut er da?
Er ist so still – und keine Ekstase!
Irgendwas fehlt."
Dies ist die kindliche Auffassung.

Wenn du ein Kind zu Buddha bringst,
denkt es, da fehle etwas.
Aber bringst du das Kind zu Chaitanya,
wird es wissen, daß alles da ist, daß nichts fehlt.

Chaitanya tanzt, Trommeln werden geschlagen.
Er ist ekstatisch, berauscht.
Er ist nicht von dieser Welt.
Er ist irgendwo ins Unbekannte verschwunden.
Jedes Kind wird erkennen können,
daß etwas geschehen ist.
Mit einem Buddha zusammensein heißt,
ausgereift sein.

Einem Chaitanya können selbst Kinder folgen.
Genau das ist es, was mit den Hare Krishna-Leuten passiert:
kindisch, unreif.
Aber sie glauben, so werde man erleuchtet.

Nichts ist verkehrt mit Tanzen.
Vergeßt das nicht.
Aber vergeßt auch nicht:
Tanz, Ekstase, das findet nur außerhalb des Tempels statt:
Drinnen ist alles still geworden.
Dein innerstes Wesen muß sich auflösen.
Wer könnte da noch tanzen?
Du bist nicht mehr!

Sein Vater antwortete:
Nur ein ungelernter Schwimmer muß um sich schlagen,
um nicht unterzugehen.
Der vollendete Schwimmer ruht auf der Strömung.
Sie trägt ihn.

Die tanzende Mira, der tanzende Chaitanya –
irgendwas ist noch unvollendet.
Sie sind noch keine vollendete Schwimmer.

Zwar jeden Tag dazu lernend, näher und näher kommend,
aber solange du immer noch schwimmst,
hast du noch Angst vor dem Fluß,
hast du ihn noch nicht angenommen.
Solange du immer noch schwimmst,
bleibst du in der Pendelbewegung der Extreme,
bist du noch nicht zum Mittelpunkt gekommen,
wo alles stillsteht.

Der Verstand schwingt von einem Gegensatz zum anderen.
Erst bist du böse; dann fühlst du Mitleid.
Erst bist du voller Haß; dann fühlst du Liebe.
Beobachtet es.

Wann immer du voll von Haß bist,
kommt plötzlich, in seinem Schlepptau,
ein sehr liebendes, sorgendes Gefühl in dir auf.

Liebende kennen das:
Immer wenn sie sich streiten, wütend werden,
und es zum Streit kommt,
einem Zusammenprall ihrer Persönlichkeiten,
folgt darauf ein tiefes Gefühl der Liebe.
Die größten Höhen erleben Liebende
immer nach ihrem Streit.

Denn wenn du kämpfst,
gehst du in die eine bestimmte Richtung,
so wie das Pendel einer alten Uhr.
Es schwingt nach links bis zum äußersten Punkt.
Augenscheinlich bewegt es sich nach links,
aber tief drinnen holt es nur Schwung,
um nach rechts zu gehen.
Dann ist es genau diese Energie, die es nach rechts bringt.
Wenn es nach rechts geht,
dann sieht man es nach rechts ausschlagen,
aber wiederum sammelt es jetzt nur Schwung,
um nach links zu gehen.
Wenn du böse wirst, holst du dir den Schwung,
um zu lieben.
Wenn du liebst, holst du dir Schwung, um böse zu werden.
So geht das Pendel des Verstandes immerzu weiter.

Mira hat sich also aus der Welt davongemacht.
Der Schmerz der Welt ist fort –
die Ekstase Gottes ist ihr widerfahren.
Aber darin steckt auch eine Bewegung.

Buddha steht genau in der Mitte.
Die Uhr hält an, die Zeit hält an,
die Bewegung hält an.
Das Pendel schlägt nicht mehr aus.
Es gibt kein Tick-Tack mehr:
Absolute Stille.

Euch mögen Mira und Chaitanya mehr beeindrucken.
Und ihr mögt nicht so sehr
von einem Buddha beeindruckt sein;
denn Buddha wird euch zu jenseitig sein.

Mira könnst ihr verstehen.
Sie mag auch entgegengesetzt sein,
aber die Sprache ist die gleiche.
Ihr quält euch ab – sie ist in Ekstase.
Aber die Sprache ist die gleiche.
Was ist Ekstase? Nicht-Qual.
Was ist Qual? Nicht-Ekstase.
Die Sprache ist die gleiche.
Ihr versteht sie.

Ihr mögt neidisch auf sie sein,
und ihr mögt eine Vorstellung, eine Hoffnung hegen,
daß ihr eines Tags auch so tanzen könnt wie Mira.

Welche Schönheit, welches Glück, welche Ekstase –
aber die Sprache ist die gleiche!

Und denkt daran: Man kann nur das verstehen,
wofür man eine Sprache hat, eine gemeinsame Sprache.

Einmal geschah es:
Ein frommer Mann, ein sehr einfacher,
wahrhaftiger, aufrichtiger Mensch,
wurde in eine Stadt eingeladen.

Der Mann,
der seine Ansprachen in dieser Stadt zu organisieren hatte,
war ein Politiker.
Seit jeher hatte er Reisen für Politiker,
Präsidenten, Kanzler, Minister, Ministerpräsidenten,
diesen und jenen organisiert.
Er war der beste Veranstalter in der Stadt,
also baten die Leute ihn: „Mach auch dies."

Der fromme Mann war diesem Politiker gänzlich unbekannt.

Er kannte wohl seinen Namen, er wußte von ihm,
aber genaugenommen war er noch nie
mit einem religiösen Menschen zusammengetroffen.

Politik hat nichts mit Religion zu tun,
und falls sie doch etwas mit Religion zu tun hat,
dann ist es selbst Politik, dann ist es nicht Religion.
Ihre Zielrichtungen schließen einander aus.
Ein Politiker kann nicht religiös sein.
Ein religiöser Mensch kann nicht politisch sein.
Denn ein religiöser Mensch kann nicht ehrgeizig sein.

Der religiöse Mann war also angekündigt,
und auch er war besorgt, weil ihm die Stadt fremd
und er dort unbekannt war.
Also telegrafierte er voraus: „Mietet Zimmer im Gasthaus,
ruhig gelegen, vegetarisches Essen, Kuhmilch,
etcetera, etcetera, etcetera."

Er traf ein. Alles war vorbereitet.
Alles war so, wie er es wünschte.
Er war glücklich.
Dann ging er ins Bad, um sich zu erfrischen,
denn er war müde von der Reise.

Aber er fuhr entsetzt zurück,
denn im Bad sah er drei schöne Frauen –
na ja, eher häßliche, sie schauten eher wie Huren aus.
Er kam also zurück und fragte den Politiker:
„Was soll das? Wer sind diese drei Frauen?"

Der Politiker sagte: „Wer diese drei Frauen sind?
Die drei Etceteras. ‚Etcetera, etcetera, etcetera'!"

Der fromme Mann war außer sich;
er konnte es nicht glauben:
„Was soll das heißen? Ich hab noch nie gehört,
daß ‚etcetera' eine Frau bedeutet."

Der Politiker sagte:
„Du kennst die Sprache der Politiker nicht.
Ich arbeite schon so lange für sie,
und dies ist ein Codewort: etcetera.
Wenn sie ein etcetera schreiben: eine Frau.
Wenn sie zwei schreiben: zwei.
Wenn sie drei schreiben: drei."
Ihr versteht immer nur eine bestimmte Sprache.
Mira und Chaitanya könnt ihr verstehen,

wie weit weg sie auch sein mögen,
denn eure Seelenqual kann
die Sprache der Ekstase verstehen.
Tatsächlich ist Seelenqual
andauernd auf der Suche nach Ekstase.

Der Junge konnte also nicht verstehen:
„Ein großer Zaddik, der still und einfach für sich betete,
ohne ein Zeichen von Ekstase – kein Tanz,
keine Bewegung, keine Tränen.
Seinem Gesicht siehst du nicht an, was er tut."

Tatsächlich tust du,
wenn du wirklich ins Gebet versunken bist,
rein gar nichts.
Beten hat nichts zu tun mit Tun,
es ist einfach nur Sein.
In der Gegenwart Gottes zu sein, ist Gebet.
Die Gegenwart Gottes zu fühlen, ist Gebet.
Dich in ihm aufzulösen, ist Gebet.
Seelenqual entfernt euch von ihm.
Ekstase hält euch ebenfalls ab.
Denkt daran!

Ekstase ist besser als Qual,
aber beide sind sie Hüllen für das feingesponnene Ego.
Wenn du dich auflöst, wer kann dann ekstatisch sein?
Du bist nicht mehr da.

Der Junge konnte esnicht begreifen.
Ein Kind kann es niemals verstehen.
Denn ein Kind kann Tränen, Freude –
die Sprache der Unreife – begreifen.

Öfters kommen Hare-Krishna-Leute zu mir,
und ich sehe solche Unreife vor mir.
Aber sie denken, darauf käme es an:
in den Straßen herumzuhüpfen,
Hare Krishna Hare Rama zu singen.
Selbstverständlich, das gibt eine gewisse Erregung,
eine Art Rausch.
Es alkoholisiert, aber es ist nicht das Ziel.
Das Ziel ist absolute Stille.
Solche Stille, daß nichts anderes mehr darin ist.
Reine Stille.

Das Kind konnte es nicht verstehen.
Und das Kind in euch wird auch nicht fähig sein,
es zu verstehen.
Sein Vater antwortete:
Ein ungelernter Schwimmer muß um sich schlagen,
um nicht unterzugehen.

Denkt also nicht, das sei Schwimmen.
Er ist nur ein armseliger Schwimmer, ein Anfänger.
Er schlägt um sich, fuchtelt mit den Händen.
Denkt nicht, das sei Schwimmen. Er lernt erst.

Wenn ein Schwimmer wirklich vollkommen ist,
eingestimmt ist, weiß er, daß es jetzt nicht mehr
notwendig ist zu schwimmen.
Er kann dem Fluß vertrauen.
Er kann alles Gefuchtel lassen,
denn dieses Gefuchtel ist immer noch Kampf,
ein Kräftemessen, ein Versuch, den Fluß zu besiegen.

Ein vollkommener Schwimmer ruht auf der Strömung.
Sie trägt ihn.

Einer, der vollkommen meditiert,
ruht auf der Strömung Gottes,
und sie trägt ihn.
Er tut überhaupt nichts.
Denn durch das Tun erhält sich das Ego.
Im Nicht-Tun verschwindet es.

Er ist nicht in Qualen, er ist nicht in Ekstase.
All das, was wir verstehen,
die gewöhnliche Sprache, ist unbrauchbar geworden.

Wenn ihr also einen Buddha fragt:
„Was hast du erreicht?", bleibt er still,
antwortet er nicht.
Denn was immer er sagen mag – es wird mißverstanden.
„Etcetera, etcetera, etcetera."
Ihr habt eure Sprache, eine codierte Sprache.
Was immer er sagt, wird mißverstanden.

Wenn er sagt: „Ich bin ekstatisch." –
Was werdet ihr verstehen?
Ihr werdet verstehen, daß er keine Qualen leidet.
Wenn er sagt: „Ich bin glücklich.", werdet ihr sagen:
„Aha, also ist er nicht mehr unglücklich.
So sollte ich auch sein.
Da muß ich auch hinkommen."

Eure Gier wird angestachelt sein.
Dabei kommt das Glück eines Buddhas
nur bei völliger Wunschlosigkeit.
Was auch immer ein Buddha sagt,
es muß zwangsläufig mißverstanden werden.

Laotse sagt: „Wenn die Leute mich nicht verstehen,
weiß ich genau, ich hab etwas Wahres gesagt.
Wenn sie verstehen, weiß ich genau,
daß etwas schiefgelaufen ist."

„Etcetera, etcetera, etcetera ..."
Ihr habt eure Sprache.
Die Buddhaschaft hat ihre eigene Sprache.
Sie ist weder die der Qual noch die der Ekstase,
sondern die einer tiefen Gelöstheit.

Gelöstheit ist die Sprache eines Buddhas.

Ein vollendeter Schwimmer ruht auf der Strömung aus.
Sie trägt ihn.

Ich las kürzlich die Biographie von Rabbi Löb.
Jemand fragte ihn:
„Du lebtest zwölf Jahre lang mit deinem Meister,
deinem Zaddik. Was hast du dort studiert?
Was hast du beobachtet?
Zwölf Jahre sind eine lange Zeit – fast ein ganzes Leben.
Hast du die Schriften studiert?"

Rabbi Löb sagte: „Nein.
Ich war nicht bei meinem Zaddik,
um die Thora zu studieren.
Ich war dort, um zu beobachten –
ihn, meinen Meister, meinen Zaddik.
Um ihn zu beobachten:
wie er seine Filzschuhe aufschnürt,
wie er sie wieder zuschnürt.
Ich brauchte zwölf Jahre dazu,
diese einfachen Verrichtungen zu beobachten.
Denn jede seiner Verrichtungen war Meditation:
die Art, wie er atmet, die Art, wie er aufsteht,
die Art, wie er sich setzt, die Art, wie er schläft ...
Es ist solch ein Geheimnis,
daß ich zwölf Jahre dazu brauchte –
um erst meine eigene Sprache zu vergessen,
um meinen Geist von allem zu reinigen, was ich wußte.
Dann, nach und nach, kamen mir die ersten Lichtblicke.
Und nach und nach teilten sich die Wolken,
und ich konnte meinen Meister sehen."

Wenn du deinen Meister sehen kannst,
hast du die leibhaftige Meditation gesehen.
Es ist keine Frage des Tuns;
Man muß sein *Wesen* in sich aufnehmen.

Der Rabbi von Lenthsno hatte recht,
der Vater dieses Jungen hatte recht,
denn er war zur Reife gelangt.
Laßt das Kind in euch los, werdet reif, bewußt.
Beobachtet – so daß eure Sprache nicht verfälscht,
was ich sage.
Achtet immer darauf, was ich meine.

Das einzige, was da im Weg steht, bist *du.*
Wenn du durch deinen Verstand hörst,
hörst du mich, aber du hörst mir nicht zu.
Wenn du deinen Verstand beiseite läßt,
und mich anschaust, hörst du mir zu.
Richtiges Zuhören ist die Tür.
Durch richtiges Zuhören wird richtiges Sehen möglich.
Durch richtiges Sehen eröffnet sich
die wahre Welt des Reichtums.

Diese drei Narren stecken in eurem Verstand.
Laßt sie los, nach und nach.
Nehmt euren Verstand nicht in Schutz,
denn der Verstand ist euer Feind.
Und das ist es, was ihr andauernd macht: ihr deckt ihn.
Gebt ihn auf.

Gebt ihn auf.
Es gibt keinen Grund, um sich zu schlagen.
Ein ungelernter Schwimmer muß um sich schlagen,
um nicht unterzugehen.

Hier seid ihr mit mir –
mit einer Strömung.
Entspannt euch.
Laßt los – und erlaubt der Strömung,
euch zu tragen.

Genau das bedeutet *Sannyas:*
ein tiefes Mitgehen mit einem, der angekommen ist.
Sei kein schlechter Schwimmer.
Du hast schon viel zuviel um dich geschlagen.
Du bist so müde und die Strömung ist da.
Vertrau dem Fluß,
und der Fluß wird dich zum Ozean tragen.
Und es gibt keinen anderen Weg, der zum Ozean führt.
Kämpfe und du wirst verlieren.
Gib dich hin,
und in deiner Hingabe ist der Sieg.

8. Krishna und sein Verehrer

Es gibt eine sehr alte Geschichte.
Krishna sitzt auf dem Fußboden.
Seine Frau, Rukhamani, hatte ihm Essen gebracht,
und er wollte gerade den ersten Bissen tun.
Da hielt er inne und lief zur Tür.
Dann verharrte er einen Augenblick an der Tür,
kam zurück und begann zu essen.

Rukhamani war erstaunt.
Sie sagte: „Was ist denn los? Du bist zur Tür gerannt,
als ob dort irgendein Notfall wäre,
als ob das Haus in Flammen stünde oder dergleichen,
oder irgendwer sterben müßte.
Und dann hieltest du inne und kamst zurück.
Ich bin überrascht. Sag mir, was das Geheimnis ist."

Krishna sagte: „Einer meiner Verehrer,
ein Liebender, ging soeben durch eine große Stadt.
Er ist fast außer sich vor Liebe zu mir.
Die Leute warfen Steine nach ihm.
Sie dachten, er sei verrückt.
Und als die Steine ihn trafen und Blut floß, sagte er nur:
‚Krishna, Krishna', und tanzte.
Er war so hilflos – er brauchte mich.
Darum bin ich so gelaufen."
Rukhamani fragte: „Und was geschah dann?
Warum kamst du zurück von der Tür?"

Krishna sagte: „Eben als ich die Tür erreichte,
hatte er selbst einen Stein in der Hand.
Er selbst warf Steine. Jetzt brauchte er mich nicht.
Er hatte die ganze Situation
selbst in die Hände genommen.
Jetzt brauchte er mich nicht mehr."

Gott kommt zu dir, wenn du hilflos bist.
Wenn du stark bist, brauchst du Gott nicht.
Das Göttliche kommt zu dir, wenn du leer bist.
Wenn du zu voll bist von dir selbst, wird es nicht gebraucht.

Hilflosigkeit ist das Vermögen,
um Gnade zu bitten, die Gnade einzuladen.
Gnade ist stets nah, du brauchst nur hilflos zu sein.

Aber in deinem Ego fühlst du dich stark,
fühlst du dich als Herr im Hause,
fühlst du dich unverletzlich.
Jeder kann sterben, fühlst du, nur du nicht.

Du fühlst dich sehr überlegen;
und nichts ist dran an dieser Überlegenheit.
Sie ist nur eine Blase, eine Seifenblase –
innen drin nichts als Hohlheit.
Und du weißt es,
jeder kann kommen und die Blase berühren,
und weg ist sie: sie zerplatzt.

Fühl dich hilflos,
und du wirst niemals mehr hilflos sein.
Fühl dich leer,
und du wirst voll vom Göttlichsein.
Das ist das Geheimnis.

Ja, die Gnade ist unbeschreiblich.
Denn wenn sie kommt,
ist der Verstand, der sie beschreiben könnte, nicht da.
Wenn sie kommt, hört der Verstand auf zu sein.
Wer also könnte da einen Bericht überbringen?
Der Berichterstatter ist nicht anwesend.
Sie kommt nur, wenn der Verstand nicht mehr ist,
der sie hätte beschreiben können.

Da bist du nirgendwo mehr.
Im selben Augenblick, da du erscheinst,
ist die Gnade verschwunden.
Wenn du nicht bist, ist Gott.
Wenn du bist, ist Gott nicht.
Deine Anwesenheit ist seine Abwesenheit.
Deine Abwesenheit ist seine Anwesenheit.
Kreuzige dein Ego,
und du wirst auferstehen zu einem größeren ewigen Leben.

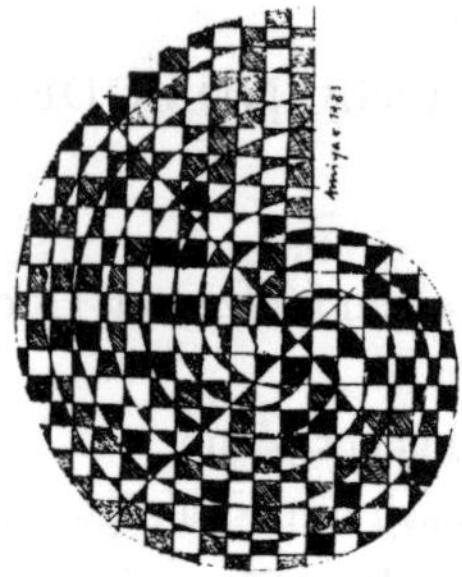

9. Henry Ford und das Fliessbandmodell

Ich habe gehört:
Henry Ford feierte seinen fünfzigsten Hochzeitstag,
die goldene Hochzeit.
Er war ein sehr glücklicher Mann.
Selten, daß jemand nach fünfzigjähriger Ehe
so glücklich mit seiner Frau ist, wie er es war.

Jemand sagte:
„Das klingt unglaublich, vor allem in Amerika.
Es klingt unwahrscheinlich,
daß Sie noch immer glücklich sind mit einer Frau,
die Sie vor fünfzig Jahren geheiratet haben.

Fünfzig Jahre – das scheint fast wie fünfzig Jahrhunderte!
Das klingt fast, wie vom Urbeginn an!
Fünfzig Jahre, das ganze Leben –
und Sie fühlen sich nach wie vor glücklich?
Und Sie sind immer noch verliebt?
Verraten Sie uns Ihr Geheimnis!"

Henry Ford sagte:
„Das gleiche Gesetz, das ich
bei der Herstellung von Autos befolge.
Ich schwöre auf's gleiche Modell!
Ich hab nie daran gedacht,
etwas am Modell meiner Autos zu ändern.

Und ich hab nie daran gedacht,
das Modell meiner Frau zu wechseln.
Aber sie ist jeden Tag neu.
Sie war noch nie alt, und ich bin sie kein bißchen leid.

Daß ihr euch langeweilt, liegt also nur daran,
daß ihr es nicht versteht,
das Neue an jedem Augenblick neu zu entdecken.
Es stimmt zwar, daß dieselbe Sonne jeden Tag aufgeht; aber sie *ist* nicht dieselbe.
Wer Augen hat zu sehen, sieht: Sie ist niemals dieselbe.
Der Himmel ist anders.
Die Stimmung ist anders.
Die Farbe ist anders.
Sie ist niemals dieselbe.
Das Klima ändert sich.
Nichts ist je gleich gewesen.
In der Schöpfung wiederholt sich nichts.
Es scheint sich nur deshalb zu wiederholen,
weil ihr nicht hellwach seid.

Für den, der hellwach ist, ist alles neu.
Wenn du ganz und gar wach bist,
ist alles ganz und gar neu.
Dann legt sich niemals der Staub des Altseins darauf.

Einerseits sage ich jeden Tag das gleiche.
Andererseits hab ich
noch nie auch nur das Geringste zweimal gesagt.

Es kommt auf dich an!
Wenn ihr zuhört, derweil ihr fest schlaft und schnarcht,
wird es euch langweilen.
Aber schiebt es nicht auf mich.
Sucht den Grund bei euch selber.

Eure Gesichter langweilen mich nicht.
Noch langweilen mich eure Schwierigkeiten.

Jeden Abend erwarte ich euch ganz aufgeregt.
Jeden Mogen erwarte ich euch ganz aufgeregt.

Seid ihr gelangweilt,
so muß mit euch etwas nicht stimmen.
Denkt mal an mich –
eure Schwierigkeiten und eure Gesichter
und all eure Dummheiten, die ihr mit mir bringt:
Ich bin jederzeit froh, sie mir anzuhören.
Denn für mich ist jedes Individuum so einzig,
daß ihr mir niemandes anderen Probleme bringen könnt.
Jeder bringt immer nur sein Problem.

Du veränderst dich jeden Augenblick.
Du bist ein Fluß.
Heute kommst du in der einen Stimmung
und befindest dich so oder so.
Morgen wirst du in einer anderen Stimmung kommen.
Ich habe noch niemals dasselbe Gesicht zweimal gesehen.
Es verändert sich.

Es verändert sich fortwährend.

Aber dazu gehören durchdringende Augen.
Andernfalls verstaubt alles und wird alt,
und scheint sich alles zu wiederholen.
Es ist die *Haltung*, die dies entscheidet.

Lausche bewußter.
Mache dich wach. Sowie du glaubst, dich zu langweilen,
gib deinem Körper einen guten Ruck.
Nicht anderen Körpern, sondern deinem eigenen Körper –
versetze ihm einen Ruck.
Öffne die Augen. Werde wach.
Hör wieder zu.

Langeweile ist eine der größten Schwierigkeiten
menschlichen Lebens.
Kein Tier langweilt sich je.
Hat man je ein Tier gelangweilt gesehen?
Kein Tier, kein Vogel, kein Baum langweilt sich.
Nur Menschen langweilen sich. Warum?
Sie haben den natürlichen Lebensfluß verloren.
Sie sind vom Lebendigen abgerückt.
Je weiter du von deiner Essenz
und deinem inneren Leben abrückst,
umso mehr werden die Dinge tot sein
und wirst du gelangweilt sein.

Komm nach Hause zurück.

Sei Teil der Schöpfung:
der Bäume und der Felsen und der Bäche,
des Himmels und der Sonne
und des Mondes und der Vögel und aller Tiere.
Komm wieder nach Hause.

Und sieh alles mit den Augen eines Kindes: frisch, jung.
Jesus sagt: „In das Reich Gottes kommt niemand hinein,
der nicht wird wie ein Kind."
Was meint er damit?
Was ist die Qualität eines Kindes?
Ein Kind ist frisch und niemals gelangweilt.

Habt ihr das nie beobachtet?
Erzählt einem Kind eine Geschichte:
Es lauscht, ist ganz aufgeregt.
Und es sagt: „Onkel, erzähl sie nochmal."
Dieselbe Geschichte! Und es sagt:
„Erzähl sie nochmal."
Jetzt ist es noch mehr entzückt.
Du erzählst, und es sagt: „Nun noch einmal!"
Du kannst nicht verstehen,
was in diesem Kind vor sich geht,
weil es dieselbe Geschichte ist.
Aber für ein Kind ist es niemals dieselbe Geschichte.

Jeden Abend hört es demselben Schlaflied zu,
aber es ist niemals dasselbe.

Sein Bewußtsein ist so frisch,
daß sich nie Staub darauf setzt.

Euer Bewußtsein ist bereits so verstaubt,
daß ihr nicht in der Lage seid,
die Wirklichkeit wiederzuspiegeln.
Selbst wenn ich etwas sage, versteht ihr etwas anderes.
Euer Staub verzerrt!
Ich sage etwas – du verstehst etwas anderes.
Du verstehst das, was du eh schon weißt.
Natürlich, so wiederholst du dich,
wirst du gelangweilt.

Ich sage nicht das gleiche.
Gut, in einem sehr, sehr tiefen Sinne sage ich das gleiche.
Aber das gleiche ist ganz und gar frisch,
und es ist immer frisch.
Frische ist seine innewohnende Qualität.
Die Wahrheit ist niemals alt. Sie ist ewig.
Sie gehört nicht der Zeit an,
wo die Dinge neu sind und alt werden.

Wenn du also gelangweilt bist,
pack dir diese Langeweile, sie ist *dein* Charakterzug,
und bringe etwas mehr Leben und Wachheit in dich hinein,
und du wirst dich weniger gelangweilt fühlen.
Führe deine Bewußtheit zu einer tieferen Klarheit,
zu mehr Durchsichtigkeit,
und die Langeweile wird verfliegen.

Du mußt etwas mit deinem Wesen anstellen.
Und dieses Problem stellt sich nicht nur,
während du mir zuhörst.
Es ist ein Charakterzug.
Du wirst überall darauf treffen, wohin du auch gehst.
Du wirst deine Langeweile mitschleppen.
Alles wird dich langweilen.

Nichts kann dich
in die wonnige Erregung eines Kindes versetzen,
das einem Schmetterling hinterher ist,
oder farbige Kiesel am Strand aufliest.
Du denkst: „So ein Närrchen!
Diese Steine sind wertlos."
Aber für ein Kind sind diese Steine keine Waren,
die käuflich oder verkäuflich sind.
Diese Steine haben mit Geld nichts zu tun.

Jeder Stein ist einmalig, ein *kohinoor.*
Der Wert ist vorgegeben.
Er wird nicht von einem Markt bestimmt.
Es ist keine Ware.

Und was man auch sagt, das Kind sammelt weiter.
Jeden Morgen geht es hin, Steine zu sammeln.

Aber früher oder später werdet ihr
sein Bewußtsein zerstören, wird sein Wesen verlorengehen.

Eine Kruste von Persönlichkeit wird es einschließen,
und dann wird es denken: „Diese Steine sind wertlos.
Aber Diamanten? Nein, die sind wertvoll."
Das sind gleichfalls Steine, aber sie sind nicht wertlos.
Warum? Weil sie einen Marktwert haben.

Jetzt ist das Leben an sich nicht mehr wertvoll.
Der Wert muß bestimmt werden von den Narren,
die den Markt beherrschen.
Die sind die Bewerter. Die legen das fest.
Nun wirst du dich ständig langweilen.
Wenn du zu einem frischen Quell
des Bewußtseins zurückfinden willst,
laß alle Persönlichkeit fallen und all die Werte,
die an ihr hängen.
Werde wieder zum Kind!

Um nichts anderes geht es beim Meditieren:
wieder zum Kind zu werden
und mit frischen Augen hinzuschauen.
Schau wieder mit einer neuen Bewußtsein hin,
und die Bäume werden grüner sein
und die Blumen röter.
Und die Sonne wird jeden Morgen neu sein.
Und die Steme –
dann werden sie zu unendlich wertvollen Dingen.
Aber dieser Wert ist nicht der des Marktes,
er ist der des Herzens.

Ich will euch eine Geschichte erzählen.

Es war einmal ein großer chassidischer Meister,
der hatte stets ein dickes Buch bei sich,
in das er niemandem je erlaubte hineinzuschauen.

Wenn niemand in der Nähe war,
schloß er denn wohl die Fenster und Türen.
Und die Leute dachten: „Nun liest er."
Sowie jemand kam, legte er das Buch beiseite.
Und es zu berühren, war keinem erlaubt.
Verständlich, daß es eine große Neugier entfachte.

Als er starb, war es das erste, was die Schüler taten …
Sie vergaßen den alten Meister.
Er lag tot da.
Nun konnte es ihnen niemand mehr verbieten.
Sie stürzten sich auf das Buch.
Es mußte etwas ungeheuer Bedeutsames bergen.

Aber sie wurden sehr enttäuscht.
Nur eine Seite war beschrieben,
und der Rest des Buches war leer.
Und selbst auf dieser einen Seite war nicht viel –
nur *ein* Satz. Und der Satz lautete:
„Wenn du zu unterscheiden vermagst
zwischen dem Behälter und dem Inhalt,
bist du weise geworden."

Wenn du nur der Verpackung, den Worten lauschst,
überkommt dich Langeweile.
Wenn du aber dem Inhalt lauschst,
wirst du hingerissen sein, in tiefe Ekstase geraten.

Ich spreche nicht um des Sprechens willen.
Ich hab keine Botschaft,
die sich in Worten ausdrücken ließe.
Aber es gibt keinen anderen Weg,
auf sie hinzuweisen.

Ich versuche hier nicht, etwas zu sagen;
ich versuche, etwas zu *zeigen.*

Das hier sind keine Wörter.
Diese Wörter enthalten mein Schweigen.
Diese Wörter sind nur Behälter.
Kümmere dich nicht um die Behälter.
Achte auf den Gehalt.

Diese Worte hier sind lebendig.
Sie haben den Pulsschlag meines Herzens.
Ich bringe sie euch als Geschenk.
Sie sind keine Lehren.
Allenfalls könnt ihr sie Poesie nennen.
Allenfalls könnt ihr mich
einen guten Geschichtenerzähler nennen.
Das ist alles.

Ich bin kein Philosoph,
kein Theoretiker, kein Theologe.
Ich habe etwas in mir,
und ich möchte es gern mit euch teilen.
Weil ihr Schweigen nicht verstehen könnt,
bin ich gezwungen, Worte zu gebrauchen.
Sobald ihr bereit seid, mein Schweigen zu verstehen,
werde ich die Worte fallenlassen.
Dann werde ich in euch hineinschauen.

Aber jetzt seid ihr noch nicht zu Hause.
Wenn ich in euch hineinschaue, ist dort niemand,
also muß ich hart anklopfen.
Meine Worte sind nichts weiter als Klopfen an eurer Tür,
so daß ihr nach Hause kommen könnt.

Nehmt mein Geschenk an.

10. Wie der chassidische Meister Tee getrunken hat

Folgende Geschichte:
Ein chassidischer Mystiker
war mit seinen Schülern unterwegs.
Sie kamen zu einer *saraya,* einer Herberge.
Sie verbrachten die Nacht dort.
Am Morgen brachte der Wirt der *saraya* das Frühstück.
Als sie noch ihren Tee tranken,
fiel plötzlich der Wirt dem Meister zu Füßen,
ekstatisch – weinend und lachend zugleich.

Die Schüler waren erstaunt.
Wie konnte er wissen,
daß dieser Mann der Meister war? Denn dies wurde geheim gehalten,
und den Schülern war aufgetragen,
niemandem zu sagen, wer der Meister sei.
Der Meister wollte unerkannt reisen.
Wer hatte diesem Wirt etwas gesagt?
Die Schüler waren besorgt.
Sie erkundigten sich, aber niemand hatte etwas gesagt.
Niemand hatte überhaupt mit dem Mann gesprochen.

Der Meister sagte: „Macht euch keine Gedanken.
Fragt den Mann selbst, wie er mich erkannt hat.
Niemand hat es ihm gesagt.
Er hat es erkannt.“

Also fragten sie:
„Nicht einmal wir können es erkennen.
Selbst wir sind skeptisch,
ob er wirklich erleuchtet ist oder nicht.
Und wir leben seit Jahren mit ihm.
Dennoch lauert da noch ein gewisses Mißtrauen.
Woran hast du es erkannt?"

Der Mann sagte:
„Ich habe schon Tausenden von Leuten
Tee und Frühstück und Essen gebracht.
Ich habe Tausende von Menschen beobachtet.
Und ich bin noch nie einem Mann begegnet,
der seine Teeschale mit so tiefer Liebe betrachtet hat.
Ich konnte nicht anders, als ihn erkennen.
Ich kenne alle möglichen Menschen,
die hier durchreisen, zu Tausenden.
Aber ich habe noch niemanden gesehen,
der eine Teeschale mit solcher Liebe anschaut –
wie wenn jemand seine Geliebte anschaute.
Dieser Mann mußte vom Wesen her
eine völlig andere Qualität haben, ein Sein voller Liebe.
Denn wer sonst schaut eine Teeschale mit solcher Liebe an?"

Eine Teeschale ist eine Teeschale.
Du benützt sie.
Sie ist ein Gebrauchsgegenstand.
Du schaust sie nicht mit Liebe an.
Selbst deine eigene Frau schaust du nicht mit Liebe an.

Auch sie ist ein Gebrauchsgegenstand –
eine Teeschale, die du benützt und wegwirfst.
Du schaust deinen Mann nicht mit Liebe an.
Der Mann ist ein Mittel zum Zweck.

Liebe ist nur möglich, wenn alles zum Selbstzweck wird.
Dann wird selbst eine Teeschale zur Geliebten.

Liebe ist keine Beziehung.
Liebe ist ein Duft, der in dir aufsteigt,
wenn du nach Hause gekommen bist.
Bis dahin kannst du zwar über Liebe reden,
kannst du über Liebe fantasieren,
kannst du wunderschöne Gedichte über sie schreiben,
wirst aber nicht wissen, was sie ist.

Versuche, in dich selbst hineinzugehen.
Es wird sehr schwierig sein,
denn deine Liebe wird immer mehr schwinden.
Es hat sie nie gegeben!
Es ist also gut, daß dieses Falsche verschwindet.
Genaugenommen verschwindet sie gar nicht;
du wirst nur gewahr, daß sie falsch ist.
Es gab sie nie. Du hast dich selber betrogen.
Wenn sie völlig verschwunden ist,
wenn dein Wesen hinter deiner Persönlichkeit bloßgelegt ist,
wenn das, was du mit auf die Welt gebracht hast,
befreit ist von allem,
was die Gesellschaft dir mitgegeben hat,

wenn du nackt bist in deinem Sein
und alle Kleider abgefallen sind,
steigt eine neue Liebe hoch.
Das ist die Liebe, die Jesus „Gott“ nennt.

Jesus sagt: „Liebe ist Gott.“
Deine Liebe war nichts als eine Hölle.
Sie war niemals Gott.
Sie war nicht einmal der Himmel.
Sie mag dir den Himmel versprochen haben,
aber erwies sich immer als Hölle.

Und Jesus sagt: „Liebe ist Gott.“
Diese Liebe aber steigt nur dann auf,
wenn du dein innerstes Herz erreicht hast.

Du mußt das Falsche verlieren,
um das Wahre zu gewinnen.

Du mußt die Dunkelheit lassen,
um zum Licht zu gelangen.
Du mußt den Tod lassen,
um wirklich authentisch lebendig zu werden.
Das ist der Preis, der zu zahlen ist!
Aber du bist so eigensüchtig, daß du festhältst.
Du fühlst: „Wenn diese Liebe vergeht, dann steh ich leer da.“
Und dein Ego macht Probleme:
„Mag sein, es ist falsch. Laß es falsch sein.
Etwas ist dran. Das Ego kann sich daran mästen.“

Es geschah einmal: Ein König war durstig.
Er sagte zu seinen Höflingen:
„Meine Kehle ist trocken."
Er hätte einfach sagen können: „Ich bin durstig."
Aber ein König ist ein König, sie haben ihre eigene Art.
Zu sagen: „Ich bin durstig," ist zu gewöhnlich.
Also sagte er: „Meine Kehle ist trocken."

Seine Lakaien rannten sofort zum Markt.
Sie überlegten hin und her, was zu tun sei,
wenn die Kehle trocken ist.
Selbstverständlich, wagten sie nicht daran zu denken,
gemeines Wasser zu bringen,
weil sich das für einen König nicht schickt.
So brachten sie ihm ein Schmieröl.

Der König trank es.
Seine Kehle war nicht mehr trocken.
Aber er war in größerer Schwierigkeit als zuvor.
Denn sein ganzer Mund schmeckte gräßlich,
und er fühlte Brechreiz.

Er sagte: „Was habt ihr angerichtet?
Meine Kehle ist jetzt zwar nicht mehr trocken,
aber ich fühl mich elender als zuvor."

So wurde der größte Arzt der Hauptstadt gerufen.
Er kam und empfahl Gurken und Essig.
Das wurde eingenommen.

Es half ein bißchen,
aber es verursachte Bauchschmerzen.

Weitere Arzneien wurden verabreicht;
irgendwie verschwand der Bauchschmerz,
aber nun war die Kehle wiederum trocken.

Jemand brachte also wohlriechende Säfte,
Wein und andere Dinge.
Er trank den Wein, die Säfte und alles,
was sonst noch gebracht wurde.
Er fühlte sich etwas wohler,
aber seine Verdauung war gestört.

Ein alter Mann, ein weiser Mann,
der sich all diesen Unfug angesehen hatte, sagte:
„Ich denke, Majestät brauchen Wasser,
gewöhnliches Wasser. Ihr habt Durst."
Der König wurde natürlich sehr böse,
und er sagte: „Das ist eine Beleidigung!
Einem großen König
gewöhnliches Wasser zu empfehlen.
Das ist Sache gewöhnlicher Leute,
durstig zu sein und den Durst
mit gewöhnlichem Wasser zu stillen.
Ich bin kein gewöhnlicher Mensch.
Du hast mich beleidigt.
Noch mehr: Es ist unlogisch.
Sieh doch, wie kompliziert diese Krankheit ist!

So viele Arzneien habe ich eingenommen, und nichts half.
Du bist ein Einfaltspinsel, zu glauben,
gewöhnliches Wasser könne da helfen.
Der größte Arzt war hier,
und selbst er konnte nicht viel ausrichten.
Für wen hältst du dich?
Bist du ein Arzt?"

Der Mann sagte: „Nein, ich bin kein Arzt.
Ich bin nur ein gewöhnlicher Mann,
aber immer, wenn es so ist ...
Aber was weiß ich von Königen ...
Verzeihung. Tut mir leid. Ich weiß nichts von Königen.
Ich bin kein König.
Aber immer, wenn es bei mir so ist,
hilft gewöhnliches Wasser.
Aber das ist vielleicht so,
weil ich ein gewöhnlicher Mensch bin."

Der König sagte:
„Du bist nicht nur ein gewöhnlicher Mensch,
du bist ein Idiot."

Unter Idioten wirken die Weisen wie Idioten.

Deine Krankheit ist sehr gewöhnlich.
Gewöhnliches Wasser genügt.
Aber das paßt dem Ego des Königs nicht.

Die Leute kommen zu mir
mit ihren verzwickten Krankheiten.
Ich sage: „Macht euch keine Sorgen.
Einfaches meditieren genügt."

Sie schauen mißtrauisch drein.
Sie sagen: „Aber wieso empfiehlst du
und verschreibst du Meditation für alle,
alle und jeden? Und mein Problem ist ganz anders.
Anderen mag sie meinetwegen helfen,
aber mir wird sie nicht helfen.
Verrate mir etwas Spezielles, etwas Besonderes.
Was soll ich tun? Ich kann nicht lieben.
Ich kann nicht fühlen."

Oder jemand sagt: „Ich werde immer gleich böse.
Und die Wut ist ständig da, wie eine Unterströmung.
Was soll ich tun?"

Oder jemand sagt: „Ich bin zu sexuell,
und ich krieg die Fantasien nicht aus dem Kopf raus.
Was soll ich tun?"

Oder jemand ist habgierig, knauserig …
hat abertausende Krankheiten – sehr verzwickt!
Und sie waren schon bei Psychoanalytikern,
und die konnten nichts ausrichten.
Und sie waren schon bei diesem Heiligen und jenem,
und alles hat nichts gebracht.

In Wirklichkeit fühlen sie sich aber geschmeichelt,
daß alle nicht helfen konnten,
denn schließlich sind sie keine gewöhnlichen Leute.
Ihre Krankheit ist sehr komplex, kompliziert.
Wenn ich da nur gewöhnliches Wasser empfehle,
wenn ich empfehle, daß einfaches Meditieren genügen wird,
schauen sie argwöhnisch.

Und ich sage dir, Meditation wird genügen.

Dein Ego muß beiseite gelegt werden.
Es schafft alle möglichen Probleme.
Nur Meditation wird was ausrichten.

Und was ist Meditation? –
den Verstand beiseite legen.
Ein paar Augenblicke lang ohne Verstand zu sein –
das ist Meditation.

Und wenn du das ein paar Augenblicke lang kennst,
hast du den Schlüssel.
Dann kannst du, wann immer du es brauchst,
nach innen gehen.
Es ist wie mit dem aus- und dem einströmenden Atem.
Du wendest dich der Welt zu:
Das ist der ausströmende Atem.
Du gehst in dich selbst hinein:
das ist der einströmende Atem.
Meditation ist der einströmende Atem.

Schlagt euch die Liebe, den Ärger, den Neid,
euer tausendundeines Problem aus dem Kopf!
Probleme mag es tausendundeins geben,
aber die Arznei ist immer nur eine.
Und vielleicht überrascht dich dies:
das Wort *Meditation* kommt
aus der gleichen Wurzel wie *Medizin.*
Medizin und *Meditation* kommen aus der gleichen Wurzel.
Meditation *ist* eine Medizin; sie ist die einzige Medizin.

Also schlage dir deine Probleme aus dem Kopf.
Geh einfach in Meditation.
Und je tiefer du da hineingehst,
umso mehr Falsches wird verschwinden.

Erst wird Leere da sein –
Nichts. Du wirst Angst kriegen! Aber hab keine Angst.
Das widerfährt jedem.
Ich bin genau im gleichen Angstzustand gewesen.
Ich weiß darum.
Ich kann es verstehen.
Aber faß dir ein Herz und geh weiter.

Wenn du immerzu weitergehen kannst,
dann passiert es eines Tages, eines Augenblickes plötzlich:
Das Alte ist verschwunden und das Neue hat sich gezeigt.
Du bist wieder auferstanden.

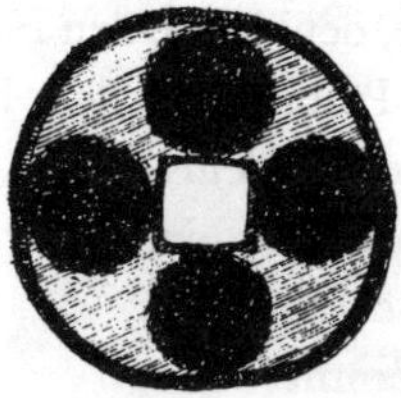

11. Das Licht hinter dem Fenster

An einem gewissen Passahabend,
vor dem Sederfest,
rief Rabbi Jissachar Bär seinen Gast,
den Rabbi von Mogielnica,
einen Enkel des Maggid von Kosnitz,
zu sich ans Fenster und zeigte hinaus.
„Seht Ihr, Raw von Mogielnica?"
sagte er, „seht Ihr?"

Nachdem das Festmahl vorbei war,
tanzte der Rabbi von Mogielnica
um den Tisch herum und sang mit leiser Stimme:
„Der heilige Alte, unser Bruder,
hat mir ein Licht gezeigt.
Groß ist das Licht, das er mir zeigte!
Aber wer weiß, wer weiß,
wie viele Jahre verstreichen müssen,
wie lange wir noch schlafen müssen,
bis es zu uns kommt,
bis es zu uns kommt?"

Ein König hörte,
daß ein Teil seines Reiches in großem Chaos versänke.
Die Leute waren untereinander zerstritten.
Sie kränkten einander auf jede erdenkliche Weise.
Er war besorgt.

Er entsandte einen Sonderboten in diese Gegend,
mit einem magischen Spiegel ausgerüstet.
Der magische Spiegel hatte die Eigenschaft,
daß man, wenn man hineinsah,
die Dinge so sah, wie sie waren,
nicht, wie man sie sich einbildete,
nicht, wie man sie sich dachte,
nicht, wie man sie interpretierte.

Der magische Spiegel schaltete den Verstand aus,
und man konnte die Dinge unmittelbar sehen, unverstellt.
Hatte man die Dinge erst einmal so gesehen,
wie sie waren, verwandelte einen diese Erfahrung.
Dann konnte man nicht mehr derselbe bleiben.

Der Bote ließ den magischen Spiegel bei den Leuten
und kehrte zur Hauptstadt zurück –
wohlwissend, was nun geschehen werde.
Denn er hatte solche Aufträge schon vorher ausgeführt.

Der magische Spiegel
wurde auf einer Kreuzung aufgestellt,
so daß jeder hineinschauen
und verwandelt werden konnte.
So daß er also für alle zugänglich war.

Aber wie nun einmal die Menschen sind:
die große Mehrheit gab dem Spiegel einen Namen
und verehrte ihn, als wäre er ein übermenschliches Wesen.

Aber sie schauten niemals hinein.

Sie beteten ihn an,
schauten aber niemals hinein.
Tatsächlich war ihre Anbetung eine Möglichkeit,
dem magischen Spiegel auszuweichen.

Ein anderer Teil des Volkes war von Anfang an mißtrauisch.
Sie sagten: „Das ist einfach dumm.
Wie könnte ein Spiegel helfen,
die Dinge so zu sehen, wie sie sind?
Es ist Aberglaube.“

Sie machten keine Experimente.
Sie gaben dem Spiegel nicht einmal eine Chance.
Das waren die Mißtrauischen,
und gerade die Mißtrauischen sind die Abergläubischen!

Im Grunde waren beide Gruppen gleich.
Denn beide vermieden sie:
Die eine durch Anbetung, die andere, indem sie sagten,
das sei abergläubisch und nutzlos.

Und genau dasselbe ist der ganzen Welt widerfahren.
Sowohl die Theisten wie die Atheisten
sind beide der Meditation ausgewichen.
Die einen, indem sie sagen: „Es gibt keinen Gott“,
die anderen, indem sie sagen: „Es gibt einen Gott,
und wir brauchen ihn nur anzubeten.“

Im Grunde unterscheiden sie sich nicht.

Dann gab es da noch eine dritte Gruppe:
die praktischen, pragmatischen, empirischen Leute.
Die sagten: „Der magische Spiegel ist ja sehr interessant,
aber wir können uns nicht vorstellen,
wie er uns helfen könnte
bei den praktischen Belangen der Welt.
Er ist unpraktisch."
Sie schauten gleichfalls nie hinein.
Das waren die Wissenschaftler, die empirischen Köpfe.

Dann gab es noch eine vierte Gruppe von Leuten.
Sie sagten: „Nicht nur ist der Spiegel unnütz,
er ist gefährlich;
denn wer dort hineinschaut, wird verzerrt."
Sie waren dagegen, und sie planten,
ihn bei nächstbester Gelegenheit zu zerstören,
Auch sie hatten nie hineingeschaut.

Dann gab es noch eine weitere Gruppe,
die ihn mied.
Sie gingen einfach nicht mehr durch die Straßen,
in der Nähe des Spiegels.
Sie tauchten an dieser Kreuzung auf.
Sie sagten: „So, wie wir waren, waren wir glücklich."
Sie waren nicht glücklich, aber sie dachten:
„Vielleicht stört er unser gewohntes Leben."

Aber es gab dort auch ein paar Menschen,
einfache, unschuldige.
die hineinschauten und verändert wurden.
Sie wurden zu vollkommen neuen Wesen.

Aber dann verbreitete sich überall das Gerücht,
sie seien hypnotisiert worden von jenem dummen Spiegel,
sie seien Narren.
Denn wie könnte ein Spiegel je einen Menschen ändern?
Sie wurden für verrückt gehalten.

Vergeßt diese Geschichte
denn das ist die Situation der ganzen Welt.
Religion ist ein magischer Spiegel.
Ihre geheime Eigenschaft ist es, euch zu verändern.
Aber sie kann diese Veränderung nicht erzwingen.
Ihr müßt sie zulassen.
Ihr müßt dazu in einer empfänglichen Verfassung sein.
Anbetung bringt nichts.
Die ist sehr durchtrieben und hinterhältig.
Logik bringt nichts, denn es ist eine Frage von Erfahrung,
nicht von logischen Schlüssen.
Argwohn bringt auch nicht viel,
denn durch bloßes Zweifeln kannst du nichts erfahren.
Man muß die Erfahrung durchmachen.

Nur die Erfahrung kann Prüfstein sein
für Wahrheit oder Unwahrheit.
Denken bringt nichts.

Durch Vermeiden, durch Davonlaufen davor,
das Leben so zu sehen, wie es ist,
bleibst du ein Feigling,
und gehst du am springenden Punkt vorbei,
läßt du dir das ganze Abenteuer entgehen.

Nur die, die unschuldig sind, die kindlich sind,
die bereit sind hineinzuschaun, die bereit sind,
sich umformen, verändern zu lassen –
die bereit sind zur Mutation –
nur denen wird durch Religion geholfen.

So ist bisher nur einigen wenigen
durch Religion geholfen worden.
Christen gibt es zu Millionen,
Hindus zu Millionen,
Buddhisten zu Millionen,
Mohammedaner zu Millionen.
Aber religiöse Menschen? Nur sehr wenige.
Ihr könnt sie an euren Fingern abzählen.

Einer Organisation anzugehören,
heißt nicht, religiös zu sein.

Den Sprung zu wagen in tiefes Vertrauen,
in tiefe Unschuld hinein – das heißt religiös zu sein.

Chasside sein heißt, bereit sein zu sehen,
das Leben zu sehen, so wie es ist.

Das will begriffen sein.
Denn auch du siehst die Dinge,
aber du siehst sie nicht so, wie sie sind.
Bevor sie dein Wesen erreichen,
hast du ihre Farbe verändert,
hast du ihnen neue Größen, Formen verpaßt,
hast du bereits interpretiert.

Dein Verstand verfälscht fortwährend alles.
Und dein Verstand hüllt dich in Illusionen ein.
Und gibt dir das Gefühl,
die Dinge so zu sehen, wie sie sind –
aber niemals siehst du sie so.
Denn siehst du die Dinge erst einmal so, wie sie sind,
verschwinden sie, nur Gott bleibt.
Kannst du die Dinge so sehen, wie sie sind,
bleibt nur *eines.*
Millionen Formen lösen sich auf in einem – dem Formlosen.

Dann ist der Baum nicht mehr da.
Dann ist der Fels nicht mehr da.
Dann ist der Fluß nicht mehr da.

Eine einzige Schöpfung ist da,
allüberall pulsierend auf tausenderlei Art und Weise.

Bevor du nicht das Eine siehst,
hast du überhaupt nichts gesehen.
Wenn du das Viele siehst, bist du blind.

Wenn du das Viele hörst, bist du taub.
Wenn du den *einen* Ton gehört hast –
den tonlosen Ton –
dann hast du zum erstenmal gehört.

Wenn du das Viele liebst, ist deine Liebe falsch.
Sie kommt aus dem Kopf.
Sie kommt nicht aus dem Herzen.
Wenn du das Eine *im* Vielen liebst,
dann bist du zum ersten Mal in der Liebe.

Beherzige: Das Eine ist das Kriterium.
Das Viele ist die Welt. Das Eine ist Gott.
Ein Chasside ist jemand,
der zur Schau des Einen gelangt ist.

Seht euch nun diese schöne Geschichte an.
An einem gewissen Passahabend,
vor dem Sederfest,
rief Rabbi Jissachar Bär seinen Gast,
den Rabbi von Mogielnica,
einen Enkel des Maggid von Kosnitz,
zu sich ans Fenster und zeigte hinaus.
Ein alter Mann winkt einen jungen ans Fenster
und zeigt auf etwas draußen.

„Seht Ihr?" sagt er, „seht Ihr?"

Worauf mag er zeigen?

Ihr werdet euch fragen,
was da wohl vor dem Fenster war?
Ihr werdet euch fragen,
warum es nicht genannt wurde,
das, was da gezeigt wurde.

Da war nichts Besonderes vor dem Fenster.
Das Fenster war so gewöhnlich wie alle anderen.
Draußen war die gewöhnliche Welt, so wie überall.
Deshalb wird nicht genannt, worauf er da zeigte.
Ja, die ganze Betonung
liegt überhaupt nicht auf dem *Objekt* des Sehens.
Die ganze Betonung liegt auf dem: „Seht Ihr?"
Es geht nicht darum, *was* du siehst.
Es geht darum, *ob* du siehst.
Diese Betonung muß verstanden werden,
denn die ganze Sache zielt darauf ab,
der ganze geheime Schlüssel ist dort: „Seht Ihr?"

Leute kommen zu mir und sie fragen:
„Wir hören dich.
Wir möchten auch gern Gott sehen.
Wo ist er?"
Sie fragen nach dem Objekt,
und Gott ist kein Objekt.
Wenn du sehen kannst, ist er da.
Wenn du nicht sehen kannst, ist er nicht da.
Es kommt nicht darauf an, was du siehst.
Worauf es ankommt, ist: „Siehst du?"

Die Betonung liegt auf der Fähigkeit zu sehen,
aufzunehmen, zu empfangen.
Die Betonung liegt auf dem Auge,
der Fähigkeit zu sehen.

„Seht Ihr?" sagte der Alte zum Raw von Mogielnica. „Seht Ihr?"

Da war nichts vor dem Fenster.
Es war ein so gewöhnliches Fenster wie nur irgendeins.
Auf nichts wurde gezeigt.
Im Gegenteil, worauf gezeigt wurde,
war die Fähigkeit zu sehen.

In Indien haben wir Philosophie *darshan* genannt.
Es bedeutet: die Fähigkeit zu sehen.
Wir nennen es nicht „Liebe zum Denken" –
was das Wort „Philosophie" besagt.
Wir nennen es: die Fähigkeit zu *sehen.*
„Philosophie" ist nicht die richtige Übersetzung für *darshan.*
Die richtige Übersetzung für *darshan* wäre *philonsia*:
„Liebe zum Sehen."
„Philosophie" heißt Liebe zum Denken.
„Sophia" bedeutet „Denken" und „philo" bedeutet „Liebe".

Die indische Philosophie ist keine Philosophie.
Sie ist *philonsia.* „Sia" bedeutet „Sehen".
Die Hauptbetonung ist nicht auf dem Objekt.
Die Betonung liegt auf dem Subjekt.
Subjektivität ist Religion.

Objektivität ist Wissenschaft.
Dem Objekt Beachtung schenken,
heißt wissenschaftlich sein.
Dem Subjekt Beachtung schenken, heißt religiös sein.

Du schaust eine Blume an:
Wenn sich deine Aufmerksamkeit auf die Blume richtet,
ist es wissenschaftlich.
Wenn sich deine Aufmerksamkeit auf den richtet,
der die Blume wahrnimmt, wird es religiös.

Ein Wissenschaftler
und ein religiöser Mensch mögen Seite an Seite stehen,
und die gleiche Blume betrachten,
aber sie sehen doch ganz verschieden.
Der Wissenschaftler betrachtet die Blume
und hat sich selbst dabei ganz vergessen.

Der religiöse Mensch schaut die Blume an
und ist dabei eingedenk seiner selbst.
Die *Gestalt* ist eine andere.
Versucht es manchmal:
Seht eine Blume an – dann,
plötzlich, verändert sich die Gestalt.
Nun seht auf den, der die Blume sieht.
Im Moment lauscht ihr mir.
Ihr könnt eure Aufmerksamkeit auf das richten,
was ich sage: Dann ist es wissenschaftliches Zuhören.
Oder ihr könnt euch dessen bewußt sein,

mir in eurem Inneren lauschen –
dann wird es religiös.
Der Unterschied ist sehr fein und unmerklich.

Probiert es jetzt einmal aus:
Hör mir zu. Vergiß dich selbst.
Dann ist es wissenschaftlich.

Ein Wissenschaftler ist völlig konzentriert,
wenn er arbeitet.
Wissenschaft ist Konzentration.
Religion ist Meditation.
Und das ist der Unterschied zwischen
Konzentration und Meditation.

Konzentration ist nicht Meditation.
Meditation ist nicht Konzentration.
Konzentration heißt,
dein Augenmerk ganz auf das Objekt zu richten.

Meditation heißt,
daß du dein Augenmerk auf dich selbst richtest.
Meditation enthält kein Objekt.
Sie ist reine Subjektivität.

Hör mir zu. Konzentriere dich:
So vergißt du dich selbst.
So weißt du nicht, wer du bist,
bist du einfach ein Zuhörer.

Dann verschiebe das Augenmerk.
Es ist ein Kniff.
Wie das geht, läßt sich nicht lehren.
Du wechselst es einfach.
Du wirst dir einfach bewußt, daß du zuhörst.
Die Bewußtheit wird wichtiger, als das, was du hörst.
Augenblicklich ist eine große Veränderung
in deinem Wesen vorgegangen.
Im selben Augenblick wirst du religiös.

Wenn du dem Objekt zuviel Aufmerksamkeit schenkst,
magst du viele Geheimnisse der Natur erfahren,.
Aber du wirst niemals Gott
auf all deinen Wegen begegnen, die du gehst.
Es wird niemals eine Pilgerreise sein, ein *teerthyatra.*
Du wirst weiter und weiter wandern,
hinein ins Gestrüpp der Welt und der Materie.

Deshalb kann sich die Wissenschaft nicht vorstellen,
daß Gott ist – es ist unmöglich.

Gott ist kein Objekt.
Deine ganze Einstellung ist derart,
daß Gott daraus ausgesperrt ist.
Gott ist kein Objekt! Gott ist dein Innerstes.
Er ist nicht im Objekt deiner Konzentration enthalten,
sondern in der Subjektivität der Meditation.
Er ist Du.

Ich habe einmal eine schöne Geschichte gehört:
Es war einmal ein Mann, ein großer Verehrer Buddhas.
Der hatte eine schöne Statue von Buddha,
eine hölzerne Statue, ein Prachtstück,
sehr alt und kostbar.
Er trug sie bei sich wie einen großen Schatz.

Eines Nachts geschah es.
Er übernachtete in einer zugigen Hütte.
Und der Winter war bitterkalt,
und er zitterte am ganzen Leibe.
Es sah so aus, als müsse er sterben.
Es gab kein Holz für ein Feuer.

Um Mitternacht, als er so zitternd dasaß,
so die Geschichte, erschien ihm Buddha
und sagte: „Warum verbrennst du mich nicht?"
Die hölzerne Statue stand dort.

Der Mann bekam Angst. Das mußte ein Teufel sein.
Er sagte: „Was sagst du da?
Die Buddha-Statue verbrennen? Niemals!"

Buddha lachte und sagte: „Wenn du mich in der Statue suchst,
wirst du an mir vorbeigehn.
Ich bin in dir, nicht in der Statue.
Ich bin nicht in dem Objekt das du anbetest.
Ich bin in dem, der anbetet!
Ich zittere in dir. Verbrenn diese Statue!"

Gott ist deine Subjektivität. Er ist dort in dir.
Wenn du nach außen schaust, gibt es Objekte.
Wenn du nach innen schaust, ohne jeglichen Fokus,
ist er dort, quickebendig, pulsierend, pochend.

„Seht Ihr, Raw von Mogielnica?", sagte er. „Seht Ihr?"
Achtet auf die Betonung.
Er sagt: „Siehst du?"
Er sagt: „Hast du Augen zum Sehen?"

Nachdem das Festmahl vorbei war,
tanzte der Rabbi von Mogielnica
um den Tisch herum und sang mit leiser Stimme.
„Der heilige Alte, unser Bruder,
hat mir ein Licht gezeigt.
Groß ist das Licht, das er mir zeigt!
Aber wer weiß, wer weiß,
wie viele Jahre verstreichen müssen,
wie lange wir noch schlafen müssen,
bis es zu uns kommt, bis es zu uns kommt?"

Jedes Wort will beherzigt sein:
Nachdem das Festmahl vorbei war,
tanzte der Rabbi von Mogielnica
um den Tisch herum und sang mit leiser Stimme …

Etwas ist durchgesickert, etwas ist geschehen,
etwas aus dem Unbekannten,
etwas nicht von dieser Welt.

In dem Augenblick, als der Alte sagte: Seht Ihr?
Sehr Ihr? – war etwas geschehen.
Aber was war geschehen?

Zum erstenmal wurde diesem jungen Rabbi
sein schauendes Selbst bewußt.
Er hatte schon viele Dinge gesehen in seinem Leben,
aber zum erstenmal
war sein Blick auf den Sehenden selbst gefallen.

Wenn du einem Menschen nahe bist,
der zu einem wahren Weisen geworden ist,
der angekommen ist,
dann wird es leicht, dich von ihm mittragen zu lassen.

Nah bei einem Buddha gibt es Augenblicke,
in denen du durch seine Augen hindurchschauen kannst.
Das heißt es, sich einen Meister,
einen *zaddik* zu suchen.
Lehrer gibt es viele, *zaddiks* nur wenige.

Wenn du einen Lehrer findest,
wird er dir viele, viele Dinge erklären,
aber er kann dir nicht seine Augen leihen.
Er hat keine. Er ist so blind wie du.
Der Blinde führt den Blinden an.
Er mag erfahrener sein als du,
er mag schon länger als du im Dunkeln tappen,
aber er ist immer noch blind.

Er kann dir so manche Erklärungen liefern,
aber er kann dir keine Erfahrung geben.
Er selbst hat keine.

Man kannt nur das mit anderen teilen,
was man hat.
Man kann nicht das mit anderen teilen,
was man nicht hat.

Ein *zaddik* ist jemand, der erkannt hat,
jemand, der jetzt im Lot ist.
Jetzt ist die Suche vorbei,
und er fließt über vom Erreichten.
Du kannst auf seiner Welle reiten.
Selbstverständlich kann das nicht
zu deiner Erfahrung werden.
Aber es kann ein Schimmer sein.
Und ein Schimmer kann sehr, sehr wichtig sein.
Ein flüchtiger Einblick kann dein ganzes Leben ändern.
Es mag nur eine Kostprobe sein.
Dein Hunger wird davon nicht gestillt werden.

Vielmehr wird das Gegenteil der Fall sein:
zum erstenmal wirst du hungrig werden.
Bis jetzt hast du es vermieden, dir einzugestehen,
daß du Hunger hast.
Wenn es nichts zu essen gibt, ist es besser,
den Hunger zu vergessen.
Es ist besser, so zu tun, als ob du keinen Hunger hättest.

Wenn du Durst hast, und es gibt kein Wasser,
ist es besser, den Durst zu vergessen.
Sonst wird eine große Quälerei daraus.
Wenn du auf jemanden triffst, der erkannt hat,
der keinen Hunger mehr hat,
so wirkt allein seine Gegenwart so,
daß sich tief in dir etwas regt.
Zum ersten Mal verspürst du den Hunger,
den du dir Jahrhunderte lang,
ganze Leben lang, verheimlicht hast.
Du hast es vermieden, dich ihm zu stellen.
Du warst immer durstig.
Du hast nie Sättigung erfahren.
Aber mit dem Durst zu leben, das war so schwer,
daß du ihn unterdrückt hattest,
verdrängt hattest ins Unbewußte.
Du hattest ihn tief in dir vergraben,
damit er dir nicht
in deinem Alltagsleben begegnen würde.
Gleichwohl war er da.

Wenn du zu einem Menschen kommst,
der in tiefer Sättigung lebt,
dessen ganzes Wesen in Blüte steht,
in dem es weder Durst noch Hunger gibt,
der angelangt ist, kommt plötzlich dein Durst hoch.
Aus der Tiefe deines Unbewußten
steigt er auf zur Oberfläche des Bewußten,
wirst du wirklich durstig und hungrig – zum erstenmal.

Wenn jemand angelangt ist,
kann er dich von *seinem* Fenster aus
einen Blick werfen lassen.
Das will diese Geschichte besagen.
Er kann dich rufen: „Komm her zu mir.
Schau durch dieses Fenster. Siehst du?"
Dieses Fenster ist also nicht das gewöhnliche Fenster eines Hauses.
Es ist das Fenster des Herzens.

Und als der Alte sagte: *„Seht Ihr? Seht ihr?"*,
wollte er damit sagen: „Kapierst du's?"

Kannst du meine Augen und meine Sicht annehmen?
Gewiß, sie können nur für einen einzigen Augenblick
ausgeborgt werden. Dann ist es vorbei.

Erleuchtung läßt sich nicht ausborgen.
Sie kann höchstens ein Aufblitzen
in dunkler Nacht darstellen.
Sie kann zu keinem Dauerlicht werden.
Aber wenn du dich in einer dunklen Nacht vortastest,
und es kommt plötzlich ein Blitz,
wird für einen Augenblick alles hell.
Dann verschwindet der Blitz.
Aber der Blitz hat alles verändert.

Nun weißt du: der Pfad existiert.
Möglich, du bist noch nicht auf diesem Pfad.

Tausendundein Hindernis mag es geben,
aber du weißt, der Pfad ist da.
Allein zu wissen, es gibt den Pfad,
ist schon ein großer Fortschritt,
denn die Ungewißheit verschwindet, der Zweifel verschwindet.
Das Zögern ist nicht mehr da.
Zuversicht kommt auf.
Vertrauen kommt auf.

Der Pfad existiert:
Dies wird zu einer tiefverwurzelten Gewißheit in dir.
Nun glaubst du nicht mehr anderen.
Du weißt es selbst.

Mag sein, daß es jetzt
zu einer bloßen Erinnerung geworden ist.
Aber diese Erinnerung wird dich leiten, dich führen.
Nun wirst du dich in die richtige Richtung vortasten.
Das Tasten geschieht nun nicht mehr blindlings.
Du hast gesehen, wo der Pfad ist.
Ob nach Norden, Süden, Osten:
du wirst dich in die richtige Richtung vortasten,
genau wissend, daß er da ist.
Es ist nur eine Frage der Zeit.
Du wirst ihn erreichen.
Als der Alte sagte: „Seht Ihr? Seht Ihr?“,
muß er für diesen jungen Mann zum Blitz geworden sein.
Dieser Blitz ist das Fenster.
Der Alte muß aufgeblitzt sein.

Für den Bruchteil einer Sekunde muß er
für diesen jungen Mann in Flammen gestanden haben –
damit der einen Geschmack bekam.
Damit der einen Einblick bekam.
Es ist zwar nur ein kleiner Schimmer,
aber danach wird er nie mehr derselbe sein.

Gurdjieff pflegte zu sagen,
daß es sieben Typen von Menschen gibt.
Laßt mich euch diese sieben Typen erklären:

Die drei ersten sind sehr gewöhnlich.
Ihr könnt sie überall finden, drinnen wie draußen.
Den ersten, Mensch Nummer eins,
nennt Gurdjieff „körperorientiert".
Er lebt im Körper.
Er ist zu neunundneunzig Prozent Körper.
Sein ganzes Leben ist körperorientiert.
Er ißt nicht, um zu leben; er lebt, um zu essen.

Der zweite Typ Mensch, Nummer zwei,
ist emotional; der sentimentale Gefühlstyp.

Nummer drei ist der Intellektuelle.
Das sind die drei gewöhnlichen Typen.
Sie befinden sich praktisch auf derselben Ebene.

Diese drei Typen kennen wir in Indien schon lange.
Den körperorientierten haben wir *sudra* genannt.

Den gefühlsbetonten, emotionalen haben wir *kshatriya* genannt, den Krieger.
Und den Intellekt-orientierten haben wir *brahmin* genannt, den intellektuellen – die Intelligentsia.

Der vierte, *vaisya,* der Geschäftsmann,
ist eigentlich gar kein Typ,
vielmehr eine Verschmelzung von allen dreien.

Etwas vom *sudra* steckt in ihm,
auch vom Intellektuellen steckt etwas in ihm.
Er ist kein reiner Typ. Er ist eine Mischung.
Und, natürlich bildet er die Mehrheit.
denn einen reinen Typ zu finden, das ist sehr schwierig.
Ein wirklich vollkommener *sudra* findet sich selten.
Ein wirklich vollkommener *brahmin* findet sich gleichfalls selten.
Ein reiner Krieger, ein *samurai* findet sich ebenfalls selten.

Die Welt besteht aus diesem vierten Typ,
diesem Mischmasch, der nicht wirklich ein Typ ist,
sondern nur eine Masse.

Das sind die drei Typen.
Solange du nicht über diese drei hinausgehst,
wirst du niemals sehen können.
Sie sind *alle* blind.
Der eine ist vom Körper geblendet.
Der andere ist von Gefühlen geblendet.
Der dritte ist vom Intellekt, vom Denken geblendet.

Blind sind aber alle.

Nummer vier nennt Gurdjieff:
der, der langsam wach wird.
Bis zur Nummer drei sind alle nicht wach,
sie sind unbewußt, sie schlafen fest.
Sie wissen nicht, wo sie sind.
Sie wissen nicht, wer sie sind.
Sie wissen nicht, woher sie kommen.
Sie wissen nicht, wohin sie gehen.
Nummer vier ist der, der etwas wach geworden ist,
der sehen kann.

Als dieser Alte den jungen Rabbi zum Fenster rief,
muß er die Möglichkeit zum vierten Menschen,
zu Nummer vier, gespürt haben.
Nur Nummer vier kann zum Fenster gerufen werden.
Nur mit Nummer vier
kann der Meister seine Erfahrung teilen.

Mit dem ersten ist es noch nicht mal möglich zu reden.
Dem ersten kann man Almosen geben.
Man kann ihn zu einem Fest einladen.
Religion ist für ihn nichts als ein Fest.
Sowie ein Festtag kommt,
ißt er besser, zieht sich gut an und erfreut sich.

Dem zweiten kann man Gefühlsspeise geben:
Gebete, fließende Tränen, Gefühlsseligkeit.

Zu dem dritten kann man viel reden.
Er tut so, als ob er versteht, versteht aber nichts.
Das ist der Gebildete, der Intellektuelle.
Nur mit dem vierten läßt sich etwas teilen –
nur mit einem, der schon ein wenig wach ist,
oder der kurz davor steht, bewußt zu werden.
Er schläft, aber wälzt sich im Schlaf,
und du weiß: gleich wacht er auf,
jeden Augenblick kann er jetzt aufwachen.
Nur in einem solchen Augenblick
kann der Meister das mit ihm teilen, was er sieht.
Wenn er sieht, daß du auf der Kippe bist aufzuwachen,
oder bereits wach,
und nur noch mit geschlossenen Augen daliegst;
oder wenn nur noch ein kleiner Stups nötig ist,
und du öffnest deine Augen …

Es muß ein solcher Augenblick gewesen sein
in dieser Geschichte.
Der junge Rabbi muß vom vierten Typ gewesen sein
oder sehr nahe daran.

„Seht Ihr? Seht Ihr?“ sagte der Alte.
Dies *„Seht Ihr?“* ist ein Stups,
um ihm zu helfen wachzuwerden –
Einen winzigen Augenblick lang. Das genügt.

Hast du erst einmal von der Bewußtheit gekostet,
wirst du dich danach sehnen.

Sie wird dein Ziel, dein eigentliches Ziel werden.
Dann kann dir diese gewöhnliche Welt nicht mehr genügen
und nichts, was sie bietet.
Dann wird sich ein seltsames Ungenügen einstellen,
das nicht gestillt werden kann durch diese Welt.

Rabbi Löb hat gesagt:
„In mir ist ein solches Ungenügen –
es kann nicht gestillt werden von dieser Welt.
Deshalb weiß ich, daß es einen Gott geben muß.
Wer sollte sonst mein Ungenügen stillen?
Es muß eine andere Welt geben,
es muß einen anderen Weg zu existieren geben.

Dieses Ur-Ungenügen zeigt eine andere Daseinsform an,
weil es hier nicht befriedigt werden kann.
Nichts kann hier befriedigen.
Ein Durst, der hier nicht zu stillen ist,
ist ein Fingerzeig,
daß es eine andere Art Wasser geben muß,
eine andere Art Kraft, eine andere Welt, die stillt.

Rabbi Löb sagt: „Ich weiß nicht, ob Gott existiert,
aber ich weiß, in mir gibt es ein Ungenügen,
das daraufhinweist,
daß es irgendwo einen Ort geben muß,
einen Daseins-Raum,
wo sich dieses Ungenügen auflösen wird."

Gott ist nur für *die* eine Möglichkeit,
die sehen können:
die vierten – Nummer vier.
Mit Nummer vier kommt Religion in die Welt.

Bis zu Nummer drei ist die Welt materialistisch.
Nummer drei mag in Bethäusern,
in Kirchen, Tempeln,
gurudwaras, anzutreffen sein,
aber das macht keinen Unterschied.
Mit Nummer vier wird Religion lebendig –
pocht sie, schlägt sie, beginnt sie zu atmen.

Dieser junge Mann
muß Nummer vier gewesen sein.
Ich bin einzig und allein für jene hier,
die zu Nummer vier zählen.
Beeilt euch, zur Nummer vier zu kommen,
denn dem, der ein bißchen wach ist,
kann ich mein Sein leihen.
Der kann einen Blick durch es werfen.
Ich kann dich zu meinem Fenster hinführen
und kann dich fragen: „Siehst du?"
Aber dies ist nur möglich mit Nummer vier.

Dann gibt es Nummer fünf,
dessen Bewußtheit sich schon gefestigt hat.
Für Nummer fünf ist jetzt kein Aufblitzen mehr nötig:
Sein inneres Licht brennt schon.

Dann gibt es Nummer sechs,
alle diejenigen, deren Unerfülltheit verschwunden ist,
die ganz und gar erfüllt sind.
Nichts gibt es mehr, das erreicht werden müßte.

Und nun werdet ihr euch fragen –
wieso gibt es dann noch Nummer sieben?
Mit Nummer sechs ist doch alles erreicht, erfüllt;
es gibt nichts mehr zu erreichen.
Über die Nummer sechs geht nichts hinaus.
Nummer sechs ist das Höchste.
Warum also Nummer sieben?

Mit Nummer sieben verschwindet selbst die Erfülltheit.
Bei der Sechs gibt es das Gefühl der Erfülltheit,
eines tiefen Genügens und Angekommenseins.
Mit Nummer sieben verschwindet selbst das.
Keine Erfülltheit, keine Unerfülltheit;
keine Leere, keine Fülle.
Nummer sieben ist Gott selbst geworden.
Nummer sieben haben wir den *Avatara* genannt:
ein Buddha, ein Mahavir, ein Krishna, ein Christus.
Sie sind Nummer sieben.

Dieser junge Mann muß zur Nummer vier gehört haben.
Und ihr solltet euch folgendes merken:
Ich kann noch so viel zu euch sprechen, –
aber dieses Sprechen ist nur
die Vorbereitung des Bodens,

damit ich euch eines Tages aufwecken
und an mein Fenster holen kann.

Also sollte die ganze Anstrengung die sein: *Wie sehen?*
Die ganze Anstrengung sollte sein:
„Wie kann ich die Quantität und die Qualität
meines Sehens steigern?
Wie kann ich mit Leib und Seele zu Augen werden?"
Es geht nicht darum, Gott zu suchen.
es geht darum, Sehvermögen herzustellen.

Nachdem das Fest vorbei war,
tanzte der Rabbi um den Tisch
und sang mit leiser Stimme.

Etwas ist geschehen – etwas überaus Bedeutsames.
Nur durch Singen
kannst du deiner Dankbarkeit Ausdruck verleihen.
Und, wohlgemerkt, mit ganz leiser Stimme,
denn allzu laut zu sein, wäre primitiv.
Etwas aus dem Jenseits ist durchgedrungen.
Etwas aus dem Jenseits ist in dein Blickfeld gerückt.
Da kann man nur mit ganz leiser Stimme singen.
Das Ganze ist so bedeutsam, so heilig,
daß man behutsam geht, wie auf einem zugefrorenen Bach,
oder als müsse man Feinde befürchten.
Man zögert. Das ist die Bedeutung von *mit leiser Stimme.*

Der heilige Alte, unser Bruder … das Heiligste – ein Buddha,

ein Christus – und doch: *unser Bruder.*
Das ist einfach großartig.

Ein Buddha mag überwunden haben,
mag ein Gott geworden sein,
aber für uns bleibt er ein Bruder,
denn einst gehörte er zu uns.
Er wanderte auf dem gleichen Pfad.
Er tastete sich durch die gleiche Dunkelheit.
Er ist aus unserer Familie.
Er ist zum Heiligsten geworden –
der heilige Alte, unser Bruder.

Gott ist so weit weg.
Er ist das Allerheiligste.
Aber Gott „unseren Bruder" zu nennen, wäre nicht recht.
Darum gähnt etwas Unüberbrückbares,
ein Abgrund zwischen dir und Gott.
Es gibt keine Brücke mehr.

Nur ein Buddha oder ein Jesus werden zur Brücke,
weil die Brücke sowohl an dieses
wie an jenes Ufer festgemacht ist.

Jesus wird sowohl „Sohn Gottes"
wie „Menschensohn" genannt.
Er ist beides.
„Menschensohn": unser Bruder;
„Sohn Gottes": der heilige Alte.

Die Brücke hat zwei Seiten.
Eine gehört zu unserem Ufer,
die andere gehört zum anderen Ufer.
Deshalb ist ein Meister sogar noch wichtiger als Gott.

Gerade neulich habe ich über Sahajo,
eine Mystikerin, gesprochen. Sie sagt:
„Ich kann Gott loslassen,
aber ich kann meinen Meister nicht loslassen,
denn Gott hat mir nur diese Welt gegeben – diese Sklaverei.
Mein Meister aber hat mir die Freiheit gegeben,
hat mir Gott selbst gegeben.

Gott kann ich loslassen,
aber meinen Meister kann ich nicht loslassen.
Ich kann Gott leugnen,
aber ich kann nicht meinen Meister leugnen.
Eine sehr wichtige Feststellung.
Ein großer Beweis der Liebe.
Und des Verstehens!

Gott ist so weit weg!
Jesus ist beides: nah und fern.
Gott mag das Ziel sein,
aber Jesus ist beides: der Weg und das Ziel.
Wie kannst du zum Ziel gelangen ohne den Weg?
Es wird im luftleeren Raum hängen.
Es wird keine Brücke dorthin geben.
Jesus ist sowohl das Ziel wie das Mittel:

„Menschensohn“ und „Sohn Gottes“.

Wunderschön, diese Stelle:
Der heilige Alte, unser Bruder, hat mir das Licht gezeigt …

Welches Licht ist das, worauf er gezeigt hat?
Das Licht, das mit der Klarheit der Augen kommt.
Das Licht, das mit dem Erwachen des Sehenden kommt.
Das Licht, das du erfährst, wenn du zum Zeugen wirst.

Nicht, daß er auf etwas gezeigt hätte!
Er hat dir einfach gezeigt,
daß du selbst zu sehen vermagst,
daß selbst Gott möglich wird mit den richtigen Augen.
Seht Ihr?
Wenn du siehst, ist alles möglich.
Wenn du nicht siehst, ist nichts möglich.
Die Möglichkeit tut sich auf,
indem du deine Augen aufmachst.

Der heilige Alte, unser Bruder, hat mir das Licht gezeigt.
Groß ist das Licht, das er mir gezeigt hat.

Aber er vergißt nie auch nur für einen Augenblick lang,
daß dies Licht etwas ist,
was ihm dieser Mann gezeigt hat:
Ich habe es nicht gesehen.
Ich habe das noch nicht aus mir selbst.
Er hat mir erst seine Augen geliehen.

Er war mitfühlend, er war liebevoll.
Er hat mit mir geteilt.
Er rief mich zu seinen Augen, zu seinen Fenstern.
Ich schaute durch sie hindurch.
Er hat mir das Licht gezeigt. Groß ist das Licht!
Ein gewaltiges Wetterleuchten ist es!
Er hat es mir gezeigt, aber es ist seins.
Ich bin dankbar, ich weiß ihm Dank,
daß er so liebevoll und freundlich war.

Aber wer weiß, wer weiß, wieviele der Jahre sind,
die wir noch schlafen müssen, bis es zu uns kommt,
bis es zu uns kommt?

Er ist sich bewußt,
etwas gesehen zu haben in dem Lichtblitz.
Aber wer weiß, wann der Morgen kommen wird?
Wie lange noch bis zum Morgengrauen?
Ja, jetzt entsteht der Durst.
Dieser Durst ist das Lied. Ein Hunger stellt sich ein.

Er hat mir das Licht gezeigt.
Groß ist das Licht, das er mir gezeigt hat.

Nun meldet sich erstmals ein Ungenügen.
„Dieses Licht existiert, und ich muß hinkommen!"

Aber wer weiß, wer weiß, wieviele der Jahre vergehen müssen,
um es zu erreichen, es sich zu eigen zu machen?

Vielleicht wird eine lange Reise nötig sein.
Aber nun ist das Vertrauen eingekehrt.
Wie lang sie auch sein mag, man kann weitersingen.
Es ist da – soviel ist gewiß.

Dann spielt Zeit keine so große Rolle mehr.
Man kann singend weitergehen.
Wenn du einmal weißt, es ist da,
kannst du endlos warten.

Der Grund, warum du nicht warten kannst, ist der,
daß du tief drinnen nicht sicher bist, ob es da ist.

Die Geduld fällt dir schwer, weil du denkst:
Möglicherweise ist da gar nichts.
Möglicherweise verschwende ich nur mein Leben.
Möglicherweise ist es nur Zeit- und Energieverlust.

Deine Ungeduld ist nichts weiter als dein Zweifel.
Vertrauen ist geduldig, Zweifel sehr ungeduldig.

Wie oft denkst du, es sei dein Vertrauen,
das dich so ungeduldig macht. Da liegst du falsch.
Wie oft denkst du, du seist so ungeduldig,
weil du ein so großer Liebender bist. Da liegst du falsch.
Wie oft denkst du: „Meine Ungeduld zeigt doch nur,
wie heftig mein Verlangen ist."

Du liegst falsch.

Ungeduld zeigt nur,
daß du keine Zeit zu verschwenden gedenkst,
weil du tief drinnen zweifelst:
„Vielleicht ist die ganze Sache nur Narretei?
Gott gibt es gar nicht. Die Wahrheit?
Wer weiß, ob es sie gibt oder nicht?
Unsterbliches Leben mag ja nur Wunschdenken sein."

Etwas nach dem Tod? Vielleicht gaukelt dir
da nur der menschliche Verstand etwas vor?
Den Tod dulden? Den Tod akzeptieren?
Mit dem Tod leben? Vielleicht ja nur „Hirngespinste?"
Dann bist du ungeduldig.

Aber wenn du das Licht erst einmal gesehn hast …
Mag es auch nur das Licht eines anderen sein,
das deinen Pfad nicht erhellen kann –
aber es kann dir Vertrauen geben:
Von Meistern lernt man nicht die Wahrheit;
du lernst lediglich das Vertrauen.

Wahrheit muß zu dir kommen.
Sowie du bereit bist, wird sie kommen.
Niemand anderer kann dir die Wahrheit geben.
Aber Vertrauen?
Ein Mensch, der sich erfüllt hat – in dessen Aroma,
in dessen Klima wirkt Vertrauen ansteckend.
Falls du mir nah bist, nicht nur körperlich,
sondern wirklich nah, mir gegenüber offen, verwundbar bist,

kann früher oder später nur *eines* geschehn:
und das wird Vertrauen sein.

Aber Vertrauen ist genug.
Ich sage nicht, Vertrauen sei das Ziel.
Aber ohne Vertrauen gibt es kein Ziel.
Vertrauen ist der Anfang, die Saat.
Wenn du das Saatkorn in deiner Hand hältst,
ist der Baum nicht mehr weit:
Er wächst bereits.

Groß ist das Licht, das er mir gezeigt hat.
Aber wer weiß? Eine große Sehnsucht ist aufgestiegen.
Aber wer weiß?
Wer weiß, wieviele Jahre vergehen müssen …

Aber sie können singend, tanzend verbracht werden.
Sie können in Zuversicht und Vertrauen vergehen.
Sie können wartend verbracht werden.
Und ich sage euch: Es wird kein Warten auf Godot sein!
Weil das Vertrauen sich eingestellt hat.

Dann ist es nicht so, daß du nicht weißt, auf wen du wartest.
Du weißt ganz genau, auf wen du wartest!
Du wartest nicht mehr auf Godot. Du wartest auf Gott.
Und das ist der Unterschied zwischen Godot und Gott.

Godot ist nur etwas,
das der Verstand dir versprochen hat.

Gott ist etwas, das durchschimmert –
durch jemanden, der erkannt hat.
Gott ist Vertrauen; Godot ist Glauben.
Godot vermittelt sich durch Schriften und Lehrer.
Gott vermittelt sich durch Meister.

Wer weiß, wieviele Jahre vergehen müssen?

Aber nun wirst du warten können –
ja, das Warten wird zu einer tiefen Freude.
Wenn du *weißt*, daß etwas geschehen
und dich überschütten wird, wartest du
in einer so gelassenen Erregung.
Laßt mich dieses Paradox benützen:
„gelassene Erregung".
Die Erregung ist jeden Augenblick da,
aber ganz und gar ruhig.
Ein tiefes Wasser des Erwartens,
ungekräuselt, denn selbst
das winzigste Kräuseln würde
stören und ablenken.

Man wartet entspannt und gespannt.
Das ist schwer zu erklären:
Entspannt und gespannt, beides zugleich.
Gespannt: denn es wird etwas geschehen.
Entspannt: denn es kann nur geschehen,
wenn du entspannt bist.

Herrigel, ein deutscher Denker,
lernte das Bogenschießen
bei einem großen Meister in Japan.

Drei Jahre lang arbeitete er hart. Aber umsonst –
denn östliches Denken zu verstehen,
ist für das westliche Denken sehr schwer:
Es funktioniert auf völlig verschiedenen Ebenen.
Daswestliche Denken ist logisch.
Das östliche Denken ist alogisch.
Nicht so sehr *un*logisch, aber *a*logisch.

Herrigel erlemte die Kunst des Bogenschießens
von Grund auf. Er traf hundertprozentig ins Schwarze.
Aber der Meister war nicht zufrieden.
Der Meister sagte dann etwa:
„Du hast noch nicht die richtige Haltung."

Aber was ist die richtige Haltung?
Die richtige Haltung ist, daß deine Muskeln,
wenn du den Pfeil spannst, entspannt sein sollten.
Aber das ist absurd.
Denn wenn du den Bogen spannst,
kannst du gar nicht anders, als dabei die Muskeln zu spannen.
Aber die Muskeln sollten entspannt sein!

Herrigel befühlte des öfteren die Muskeln des Meisters,
wenn er den Bogen spannte: Sie waren entspannt.
Also konnte man nicht sagen, daß es nicht entspannt geht!

Alles war so entspannt wie
die Hände und Arme eines Kindes:
keinerlei Anspannung!

Der Meister sagte: „Der Pfeil fliegt von selbst,
wenn du entspannt bist. Dann bewegt ihn Gott.
Dann bist nicht du es, der ihn bewegt,
sondern du bietest nur die Voraussetzung –
und dann geschieht es. Du bist nicht derjenige, der es tut."
Das ist es, was unter „angespannter Entspannung"
zu verstehen ist.
Du ziehst den Pfeil straff
und bist dabei doch ganz entspannt.

Gott zu ersehnen heißt: angespannt sein.
Aber um Gott geschehen zu lassen,
muß man völlig entspannt sein.
Eine „ruhige Erregung", eine „gespannte Entspannung"!
wartend, so als müsse es jetzt gleich geschehen,
und zugleich die Bereitschaft, bis in alle Ewigkeit zu warten.
Laßt es mich wiederholen: so wartend,
als ob es jetzt gleich geschehen müsse, in diesem Augenblick,
und dennoch bereit, bis in alle Ewigkeit zu warten.

Wann immer es geschieht, ist es nie zu spät.
Wann immer es geschieht, ist es immer früh genug.
Das Ereignis ist dermaßen gewaltig,
daß du es nicht für dich einfordern kannst.
Du kannst nicht sagen: „Ich habe es verdient!"

Das Ereignis ist dermaßen gewaltig, daß es immer nur
durch Gnade und nicht durch Anstrengung dazu kommt.
Es kommt durch Mühelosigkeit zustande.
Wann immer es eintritt, weißt du sehr wohl,
daß es an der Gnade, am Mitgefühl lag, warum es geschah.
Es hat nichts mit dir oder mit deinem Verdienst zu tun.

Der heilige Alte, unser Bruder, hat mir ein Licht gezeigt.
Ein großes Licht hat er mir gezeigt.
Aber wer weiß, wer weiß, wieviele der Jahre sind,
die wir noch schlafen müssen,
bis es zu uns kommt, bis es zu uns kommt?

Das ist das letzte,
was es an dieser Anekdote zu verstehen gilt:
Wenn du durch die Augen eines Erleuchteten schaust,
kommt nicht Gott zu dir, sondern gehst du zu Gott hin.
Wenn du selbst wach wirst, und dein Schlaf fort ist,
gehst du nicht zu Gott: kommt Gott zu dir.
Das ist der Unterschied.

Durch ein Fenster hindurch
kannst du einen Blick zum Himalaja werfen –
weit weg in seiner Majestät,
während die Sonne auf dem weißen Schnee glitzert.
Und selbst über tausende von Meilen hinweg
kannst du noch die Kühle, die Erhabenheit fühlen,
die Stille, die Höhe ...
den Zauber, die reine Majestät.

Aber es sind deine Augen, die so weit wandern,
es ist nicht der Himalaja.
Du bist es, der da zum Himalaja geht,
auf visionäre Reise.
Deine Augen wandern, nicht der Himalaja.
Genau dasselbe geschieht,
wenn du durch jemandes Fenster schaust.

Dasselbe widerfuhr diesem jungen Rabbi,
als er durch des Alten Fenster schaute:
Mit einem Mal riß es ihn weit weg in die Ferne.

Aber wenn du fähig geworden bist,
wenn sich deine eigenen Augen öffnen,
ist es gerade umgekehrt.
Darum bist nicht du es, der auf eine weite Reise geht.
Das Entfernte kommt näher.
Gott kommt zu dir.
Wann immer du ganz und gar bereit bist zu empfangen,
bricht er herein.
Der Ansturm ist so natürlich,
wie wenn es im Himalaja regnet,
und die Gipfel das Wasser nicht halten können.
Das Wasser stürzt hinunter. Es stürzt zu Tal.
Wo immer es eine tiefergelegene Stelle findet, einen See –
dort stürzt es hin.

Sowie du erwachst, wirst du zu einem Hohlraum.
Denn sowie du erwachst, bist du nicht mehr vom Ego erfüllt.

Du bist ein leerer Raum, ein Tal, ein hohles Becken.
Etwas strömt in dich. Es füllt dich.

Ich habe gehört:
Ein sehr reicher Mann bat einen chassidischen Meister, in seinen Palast zu kommen.
Der Palast war sehr kostbar. Er war einzigartig.
Er war vollgestopft mit Wertsachen:
Gemälden, Teppichen, Antiquitäten,
Möbeln aller Art und jeglichen Alters.

Der Reiche führte den chassidischen Meister
von einem Zimmer zum andern.
Sie gingen Stunde um Stunde – der Palast war riesig.

Der Reiche prahlte nicht wenig.
Sein Ego war zutiefst befriedigt.

Als er dem chassidischen Meister den ganzen Palast
gezeigt hatte, sagte der Reiche:
„Nun sag mir, was ist dein Eindruck?“

Der Chasside sagte: „Der Umstand, daß die Erde es aushält,
die Last von diesem gewaltigen Palast zu tragen,
und dich dazu – das hat mich gewaltig beeindruckt.“
Und dich dazu!

Jeder hat aus dem Ego einen Palast gebaut.
Jeder ist zu voll davon.

Einmal erwacht, verschwindet das Ego.
Ego ist der Schlaf.
Zu fühlen: „Ich bin“, heißt schlafen.
Plötzlich ohne dieses Gefühl von „Ich bin“ zu sein,
heißt zu erwachen.
Ohne jegliches „Ich bin“ zu sein, heißt sich öffnen.

Das Gefühl zu haben: „Ich bin“,
heißt etwas Eingeschlossenes sein –
so etwas wie eine Monade, das keine Fenster,
keine Öffnungen hat.
Du lebst in einem Kokon, innerlich tot.

Sobald du erwachst, wirst du leer.
Wirst du ein Nichts, ein Niemand.
Gott stürzt von allen Richtungen in dich hinein.
Er kommt und erfüllt dich.

Wer sich ganz hingibt, ist bereit.
Aber dann geht er nirgendwohin.
Wenn der Meditierende bereit ist, geht er nirgendwohin.

Gott kommt. Es ist immer Gott, der kommt.

Wenn wir zu Gott gehen, ist das nur eine Vision.
Einen Augenblick lang lichten sich die Wolken,
und die Sonne wird sichtbar.
Dann sind wieder die Wolken da,
und wieder Sonne und Licht –

und solche Erfahrungen prägen sich einfach ein.
Es geht dir nach, aber es verändert dich nicht.

Der heilige Alte, unser Bruder,
hat mir ein Licht gezeigt.
Ein großes Licht hat er mir gezeigt.
Aber wer weiß, wer weiß, wieviele der Jahre vergehen müssen,
bis es zu uns kommt, zu uns kommt?

Über Osho

Osho wurde am 11. Dezember 1931 im indischen Bundesstaat Madhya Pradesh geboren. Von frühester Kindheit an bewies er einen rebellischen, unabhängigen Geist und erforschte seine eigene Wahrheit, statt sich von dem Wissen und Glauben anderer Leute beeinflussen zu lassen.
Nach seiner Erleuchtung im Alter von einundzwanzig Jahren schloß Osho sein Universitätsstudium ab und lehrte danach mehrere Jahre lang Philosophie an der Universität von Jabalpur. Zwischendurch bereiste er ganz Indien, sprach zu riesigen Menschenmengen, traf sich mit Vertretern der gebildeten Schichten und forderte das gesamte religiöse und politische Establishment seines Landes in öffentlichen Debatten heraus, wobei er die traditionellen Glaubenswerte der indischen Kultur angriff. Er las unersättlich alles, was sein Verständnis der Glaubenssysteme und der Psychologie des modernen Menschen vertiefen konnte.
Ende der sechziger Jahre entwickelte Osho seine einzigartigen Meditationstechniken. Der heutige Mensch, sagt er, ist so befrachtet mit längst überholten Weltbildern und Traditionen und so belastet durch die Ängste des modernen Lebens, daß er einen tiefen Reinigungsprozeß durchmachen muß, ehe er in den Zustand der völlig entspannten, von allen Gedanken befreiten Meditation gelangen kann.
Mit den Jahren hat Osho praktisch jeden einzelnen Aspekt der Entwicklungsgeschichte des menschlichen Bewußtseins durchleuchtet. Er hat für den zeitgenössischen Menschen das Wesentliche herausgeschält, worauf es bei der spirituellen Suche

ankommt – nicht aus der Warte des intellektuellen Verständnisses, sondern aus seiner ureigenen existentiellen Erfahrung.
Er gehört keiner Tradition an. „Ich bin der Anfang eines vollkommen neuen religiösen Bewußtseins“, sagt er. „Bitte bringt mich nicht mit der Vergangenheit in Verbindung – sie ist es nicht einmal wert, erinnert zu werden.“
Seine „Talks“ zu Schülern und Suchern aus aller Welt füllen über sechshundert Bücher, in über dreißig Sprachen übersetzt. Er sagt über sein Gesamtwerk: „Meine Botschaft ist keine Doktrin, keine Philosophie. Meine Botschaft ist ein bestimmter alchemistischer Vorgang, eine Wissenschaft der Transformation. Nur wer bereit ist, sich als das aufzulösen, was er ist, um in etwas Neues hineingeboren zu werden – so neu, daß es vorerst nicht einmal vorstellbar ist... nur diese wenigen Mutigen werden bereit sein, mir zuzuhören; denn schon das Zuhören wird riskant sein. Indem ihr zuhört, habt ihr schon den ersten Schritt getan, um neugeboren zu werden. Es ist also keine Philosophie, aus der ihr euch einfach ein Mäntelchen machen könnt, mit dem ihr herumstolziert. Es ist keine Doktrin, in der ihr Trost für quälende Fragen finden könnt. Nein, meine Botschaft ist nicht irgendeine verbale Mitteilung. Sie ist weitaus riskanter. Sie ist nichts Geringeres als Tod und Wiedergeburt.“
Osho verließ am 19. Januar 1990 seinen Körper. Seine Kommune in Indien ist nach wie vor das größte spirituelle Wachstumszentrum der Welt, das Tausende Besucher aus fast jedem Land der Erde anzieht. Besucher die an Meditationen, Therapie, Körperarbeit und an Kreativangeboten teilnehmen, oder nur erfahren wollen, was es heißt in einem Buddhafeld zu sein.

Die Osho Commune International

Die von der Vision des erleuchteten Meisters Osho getragene Osho Commune International in Pune, Indien, läßt sich als eine Art Labor oder Experimentierfeld beschreiben. Hier ist Raum für den „Neuen Menschen", der mit sich und seiner Umgebung in Harmonie lebt, frei von allen Ideologien und Glaubenssystemen, die heute die Menschheit zerreißen.

Die Osho Multiversity der Kommune bietet im Rahmen von verschiedenen Fakultäten Hunderte von Workshops, Gruppen und Trainings an.

All diese Programme sind dazu da, jedem auf seine Art die Chance zu bieten, das Aha-Erlebnis der Meditation zu erfahren – jenen Kniff, einfach nur unbeteiligter Zeuge der eigenen Gedanken, Emotionen und Handlungen zu sein, ohne zu urteilen oder sich zu identifizieren.

Anders als in alten östlichen Traditionen ist Meditation in Oshos Kommune keine isolierte Disziplin, sondern untrennbar mit dem Alltag verbunden – Teil der Arbeit, des Umgangs mit anderen, der Lebensprozesse schlechthin. Die Folge davon ist, daß die Menschen hier sich nicht von der Welt abkehren, sondern vielmehr ihren Geist der Wachheit und des Feierns in sie hinaustragen, in tiefer Achtung vor dem Leben.

Der Höhepunkt des Tages ist die Osho White Robe Brotherhood Meditation. Diese zweistündige Feier mit Musik, Tanz, Stille und einem Osho Diskurs ist einzigartig – eine in sich geschlossene Meditation, bei der Tausende von Suchern sich „in einem Meer von Bewußtheit auflösen", wie Osho es ausdrückt.

Weitere Titel von Osho

Meditation •

MorgenMeditationen–
365 Einstimmungen in den Tag
DM 34,80 · SFr 32,50 · ÖS 254,-

AbendMeditationen–
Texte zum Tagesausklang
DM 34,80 · SFr 32,50 · ÖS 254,-

Meditation –
die erste und letzte Freiheit
DM 39,80 · SFr 36,00 · ÖS 291,-

Das Buch der Geheimnisse
DM 24,80 · SFr 23,00 · ÖS 181,-

Das Orangene Buch
DM 14,80 · SFr 14,80 · ÖS 108,-

Meditation –
die Kunst der Ekstase
DM 24,80 · SFr 23,00 · ÖS 181,-

Tantra •

Die Welt des Tantra
DM 34,80 · SFr 32,50 · ÖS 254,-

Vom Sex zum kosmischen
Bewußtsein
DM 34,80 · SFr 32,50 · ÖS 254,-

Tantra – die höchste Einsicht
DM 14,80 · SFr 14,80 · ÖS 108,-

Tantrische Vision
DM 24,80 · SFr 23,00 · ÖS 181,-
Tantrische Transformation
DM 24,80 · SFr 23,00 · ÖS 181,-

WESTLICHE MYSTIK •

Die Mysterienschule
Osho spricht über Pythagoras
DM 29,80 · SFr 27,50 · ÖS 218,-
Zarathustra –
ein Gott der tanzen kann
DM 29,80 · SFr 27,50 · ÖS 218,-
Die verborgene Harmonie
Über die Fragmente des Heraklit
DM 29,80 · SFr 27,50 · ÖS 218,-

JESUS •

Ich aber sage euch
DM 39,80 · SFr 36,00 · ÖS 291,-
Komm und folge... zu dir
DM 24,80 · SFr 23,00 · ÖS 181,-

BUDDHA •

Das Herz Sutra
DM 36,00 · SFr 33,50 · ÖS 263,-
Der Weg des Buddha
DM 29,80 · SFr 27,50 · ÖS 218,-

Zen •

Auf der Suche
DM 34,80 · SFr 32,50 · ÖS 254,-
Kein Wasser, kein Mond
DM 34,80 · SFr 32,50 · ÖS 254,-

Sufis •

Sprich uns von der Liebe…
Osho spricht über Khalil
Gibrans »Der Prophet«
DM 29,80 · SFr 27,50 · ÖS 218,-
Nicht bevor du stirbst
DM 24,80 · SFr 23,00 · ÖS 181,-

Lebensfreude •

Aus purer Lust am Leben
DM 34,80 · SFr 32,50 · ÖS 254,-
Intelligenz des Herzens
DM 19,80 · SFr 19,00 · ÖS 145,-
Leben, Lieben, Lachen
DM 19,80 · SFr 19,00 · ÖS 145,-

(Eine Auswahl)

Weitere Informationen über Osho:

Osho Commune International
17, Koregaon Park,
Pune 411001 MS, Indien
Tel. 0091 · 212· 628 562, Fax 0091 · 212· 624 181
e-mail: osho-commune@osho.org
oder
Osho International
570 Lexington Avenue
New York, NY 10022, USA
Tel: 001 · 800 · 777 · 7743
e-mail: osho_int@osho.org

Oshos Bücher sind in den verschiedensten Sprachen weltweit übersetzt und veröffentlicht. Die neuesten Informationen über seine Meditationen, Bücher, sowie Audio- und Videodiskurse finden sie unter: http://osho org

Osho Verlag
Venloer Straße 5-7
D-50672 Köln

Tel. 0221/57 40 743
Fax 0221/57 40 766
oshoverlag@aol.com

www. oshomedia.de